中信出版集团 · 北京

图书在版编目（CIP）数据

搜索：开启智能时代的新引擎 /（美）斯特凡·韦茨著；任颂华译. -- 北京：中信出版社，2017.5

书名原文：Search: How the Data Explosion Makes Us Smarter

ISBN 978-7-5086-7322-6

I. ①搜… II. ①斯… ②任… III. ①搜索引擎－应用－电子信息产业 IV. ①F49

中国版本图书馆 CIP 数据核字（2017）第 041390 号

搜索：开启智能时代的新引擎

著　　者：[美] 斯特凡·韦茨
译　　者：任颂华
出版发行：中信出版集团股份有限公司
（北京市朝阳区惠新东街甲 4 号富盛大厦 2 座　邮编　100029）
承 印 者：北京通州皇家印刷厂

开　　本：880mm×1230mm　1/32　　印　　张：8　　字　　数：159 千字
版　　次：2017 年 5 月第 1 版　　印　　次：2017 年 5 月第 1 次印刷
京权图字：01-2014-8132　　广告经营许可证：京朝工商广字第 8087 号
书　　号：ISBN 978-7-5086-7322-6
定　　价：45.00 元

这本书重新思考了我们每个人之间的关系以及我们与世间万物之间相互联系的本质。这本书没有讨论搜索引擎或者任何一家公司，而是旨在帮助你理解为什么商店很快就能知道你想要买什么，以及为什么政府即便在不明真相的情况下还能告诉我们事实。

——彼得·H.戴曼迪斯

医学博士，XPRIZE基金会主席，奇点大学创始人，《纽约时报》畅销书《富足：改变人类未来的4大力量》的作者之一

在这本书中，韦茨引领我们走向那令人目眩神迷的未来："能力网络"提高了人类的智能，搜索变得更强大，而物理世界自身因为网络所诞生的智慧而光彩万分。

——亚当·奇耶

语言控制应用Siri合创者

蓝牙信标、增强现实和预测未来有什么相似之处呢？斯特凡·韦茨编织了一个颇具说服力的童话，向我们展示了他独一无二的才华，将这一纷繁复杂的主题提纲挈领地加以表述，使得我们这些普通人也能够理解。

——安迪·格里尼翁

iPhone的联合发明者，现为Eightly公司的首席执行官

如果斯特凡·韦茨是对的（我也是如此坚信的），那么搜索技术就将引领我们这个社会进入一个全新的世界。如果你希望在未来科技领域出人头地，就读读这本书吧。

——亚力克斯·班纳言

美国风投公司Alsop Louie Partners最年轻的风险投资家，即将出版《第三道门：成功人士如何战胜系统并开创自己的职业生涯》

韦茨带领我们在未来的搜索领域进行了一次旋风式的旅程。这次旅行以现代科学为基础，但对我们一旦克服了如今的科技和商业限制后能拥有怎样的革命性结果进行了想象。对于在人机交互领域工作的你来说，本书必读。

——丹尼尔·敦克朗

领英“Query Understanding”（查询理解）技术总监，Endeca搜索公司创始人

这本书不仅仅对搜索的未来进行了一次不可思议的探索，也让我们眼界大开，了解搜索和未来科技如何增强人类的能力，改变我们所做的一切。如果你希望对未来有所了解，就读读这本书吧。

——本·帕尔

获奖记者、作者、企业家、投资者

韦茨艺术性地描绘了搜索之无所不在的特性，以及其在改变我们生活和工作方式上不断增长的重要性。

——乔·马尔凯塞

True(x)公司创始人，Reserve.com联合创始人

本书抓住了重点，即数字化为什么扰乱了世界上所有的工业，连媒体、通信和信息也被扰乱了。接下去是谁？银行业、制造业、教育业、政府机构？读读这本书，了解一下数字化会怎样预测你的未来。

——蒂姆·德雷珀

德丰杰公司创始人

随着我们从搜索转向服务，世界将会发生怎样的改变？韦茨做出了很好的预测。让我们进入韦茨的思想，去领会搜索和客户行为将走向何处。这不仅很有趣，而且对任何技术专家来说都是其保持竞争力所必需的。

——吉娜·比安基尼

Ning and Mightybell公司创始人

本书对搜索目前走了多远以及未来还要走多远进行了重要的探索。我们如今提出的问题没什么是解答不了的。但只有当机器不仅能回答问题而且能提出问题时，真正令人激动的搜索特性才会展现。韦茨这本书不仅让我们进行想象，而且让我们去理解这样的未来：计算机能使用海量的数据做出自主的选择。我个人觉得，我对韦茨描绘的未来感到兴奋莫名。

——戴夫·霍尔尼克

August Capital公司合伙人

韦茨对搜索的展望近在咫尺，几乎就是显而易见的，但也如此振聋发聩——我们需要他的帮助才能看清。如果你不想在工作中受到科技的冲击而措手不及，那就必须读读这本书。

——丹·夏皮罗

谷歌购物前首席执行官，购物网站Sparkbuy创始人，Robot Turtles桌面游戏发明人

本书可以激发你思考未来5年、10年乃至20年间搜索科技能为我们所做的一切。韦茨已经为未来编好了索引，就让我们读读他的成果吧！

——德罗尔·伯曼

Innovation Endeavors公司管理合伙人

一个简单搜索框背后的科技所释放出来的力量对我们的生活有着深刻的影响。它影响了我们如何购物，如何与朋友和同事交互。本书帮助我们理解这一技术冲击的好处以及后果：我们充满希望也面临重重挑战。它着重强调了在不久的将来我们不得不做出的那些重要决断。

——韦斯利·陈

谷歌工具栏产品经理，谷歌风投合伙人

在不远的将来，你的生活将得到运行在云端的、个性化搜索服务的帮助。它将追随你的每次行动，替你挖掘世界上的信息，在你提出问题之前就告知了问题的答案。韦茨像一位大师，描述了实现这一未来场景的挑战和机遇：搜索将扩展并映射物理世界，解释来自传感器和信号的海量数据，给我们的兴趣和环境建模。本书预见性地描绘了被技术辅助的生活，而我迫切地想置身于他描绘的那种生活中。

——帕特·金塞尔

Spindle联合创始人，现为Polaris VC公司的风投合伙人

一切都是从一本书开始的。

曾因深信不疑的假设受到了挑战，就开启了一场不可思议的对话。充满朝气的争论一场接着一场，在一代人中划分着朋友和对手。这一循环的结果要么是革命，要么是启蒙运动。回首望去，总有一本书值得被感谢或者被诘问。

本书要表述的观点需要大家共同来讨论，需要我们对外来的概念加以解构，因为它们与更大也更复杂的问题相关。我们要设计并构建出解决方案来处理现如今和未来的挑战，它们是促使我们进行更深入探索的催化剂，亦能弥合现实和理想之间的鸿沟。

SEARCH 

本书献给美国军队的男女官兵。

正是有了他们，我才有了今天的一切。

SEARCH 

目　录 ▌SEARCH

VII　前　言　可见的未来

第 1 章　搜索将看到什么？

搜索走到了哪里？　006

文字的局限　008

更有能力的网络　011

社交网络　014

个人信息　015

互联现实　016

设备　019

“事物”　020

事件　022

地点　022

混合系统 023

支付系统 024

大数据，大影响 025

设备推动了“能力网络” 028

无所不在的通信为“能力网络”加油 032

用“能力网络”去理解物理世界 034

将现实编织在一起 037

第 2 章 搜索将如何应对？

没有万灵丹 050

由此及彼 052

下一代搜索查询 054

更好的听众：从妄语中发现真知 055

更认真地听 058

更智能地聆听 060

理解现实世界 062

帮助搜索引擎去理解人们 063

设备驱动了对理解的需求 065

构建一张世界知识地图 066

第 3 章 搜索将做什么？

搜索将具有洞见并给出预测 074

挑战：好奇心带来的洞见 077

只是够用就足矣？ 079
从查找到行动 080
超越应用末日 082
让一切变得更智能 089
设备交朋友，相互有影响 091
把一切整合起来 092
下一代搜索能提升我们的幸福感吗 094

第 4 章 搜索将会如何？

提升我们这个世界的精度 105
机器学习和智能 107
消耗更少，做得更多 111
另一个途径：模仿人类大脑 112
人就是搜索引擎 113
慢速搜索 115
人可以弥补“小数据”造成的错误吗 120
是快是慢，它就在那里 121

第 5 章 搜索能给我们带来什么？

搜索将增强现实 126
搜索将增强我们的自然能力 130
搜索将带来实时决策 134
超人类的搜索 136

第 6 章　谁拖了搜索的后腿——技术

信息孤岛　141
你的档案　143
硬件孤岛　145
安全或不安全　146
淹没在数据海洋　149
平衡的诀窍　151
大数据：数量真的很重要吗　153
大数据及其带来的意外结果　155
决策的无能和一致性　159
反击：当大数据遇上大计算　161
希望的微光　163

第 7 章　谁拖了搜索的后腿——商业

系统中遍地黄金　167
未来搜索的商业模式　169
另一种搜索付费方式　170
广告的再思考　172
其他赢利模式　174
隐私　176
技术、社交、个人及社会维度　178
我的隐私值多少钱　180
数据：你的、我的和我们的　185

个人云 186

是服务条款，还是奴役 187

一流的网络 190

解决之道：阳光普照 191

第 8 章 信仰时刻

数字化的你：真正得以量化的自我 196

一个更数字化的世界 200

控制循环 204

对生活、宇宙和一切的影响 206

社会影响 214

商务影响 219

221 结 语 搜索的未来

227 致 谢

SEARCH 

前 言 | SEARCH

可见的未来

机器人的想法已经产生多久了？我们又花了多少年等待智能机器为我们自动驾车、倾倒垃圾、照顾孩子，并在日常生活中听取我们的命令？自从人类开始梦想着扩展我们的能力，离开这个星球，甚至摆脱平凡乏味的生活，机器就一直是这一远大旅程中的核心。尽管看起来在地平线之外总还可能有另一个进步等待着我们并为我们带来这一自由，我们却突然之间——也是意料之外地——面对着一系列的创新。另外，这些创新的范围和影响是如此令人难以置信，它们总体所预示的东西也异常深刻：我们不仅会有更好的机器，而且会变成更好的自己。

我们花费了数千年建造机器和系统。它们最初是很原始的，慢慢地越来越复杂，用来帮助我们更清晰地思考，达到更多的成就，并扩展我们人类的自然感官和能力。从最早的轮子到轮滑杠杆系统，再到石器、铁器，然后到计算尺，我们人类长久以来就能通过创造物件来增强我们的能力。这么做当然有充分的理由。一般的机器，特别是计算系统，在某些认知功能方面比我们强得多。这些方面包括：

机械计算。（本书写成时）世界上最快的超级计算机每秒钟可以处理33 000 000 000 000 000次计算。比较而言，里根总统在20世纪80年代推出“星球大战”计划时，被设计飘浮在空中、用来监视俄罗斯发射的导弹、以每小时17 000英里[①]的速度跟踪并摧毁这些导弹的那个系统，据说也只需要一台每秒进行6 000万次计算的计算机。

重复地遵守复杂的规则和结构而不会有偏差或者失误。机器的优势在于，只要将一系列规则编好程序，它们就能单纯地执行任务。微软的Windows XP操作系统有5 000万行代码，它基本上就是系统应该如何作为的规则。计算机不会分心，也不会问问题。如果同样的问题重复出现，那么应用——而且是快速地应用——一个已知的可行方案将会事半功倍。

在海量数据中找出模式。我们不仅可以给机器编程使其遵循某一套规则，还能让机器在海量的数据中找到关联和关系。想象一下从数以亿计乃至数以兆计的信息中发

① 1英里≈1.609千米。——编者注

现某种趋势会有多难？虽然我们擅长视觉和模拟模式匹配（比如说在一幅画中看到众多相同的颜色），但数字模式不是我们的强项。

几乎瞬时地也几乎没有限制地保存并获取信息。毫无疑问，我们的大脑保存着庞大的数据量，而且我们保存数据的方式非常优雅，能找到机器通常看不到的联系。但是，我们也受制于有限的容量。更糟糕的是，我们回忆信息时，它的真实性会衰减，特别是时间一长或者这些信息很少被访问的情形下。而机器只要没有机械故障，就可以保存几乎无限量的数据，完美地重现这些数据数亿次，而且不论访问这些数据的频率有多么低，它们几乎都能瞬时获取。另外，不像人类需要7—10次的重复才能记住一个事实并将其置入长期记忆，机器只需要被告知一次就可以。

以有效且明晰的方式沟通。人类的沟通方式显示出不同层次的复杂度和含糊性（有人会说这就是人类的魅力所在），但系统所使用的符号语言却像精确的公式一样。我的女朋友也许会对我说她不想出门，但她的言语也许掩盖了她的真实想法。计算机不会出现这种情况。对于计算机来说，上就是上，下就是下，而假就是假。这样一种坚实的语言加上与之对应的真实判定告诉我们与该系统进行交流的另一个系统收到了该信息，这意味着分布式智慧可以（也确实）存在。

永远保持警觉，永远不需要休息。这一点也许是最明显的了。只要供电良好（而且有效消除电子线路生成的热量），计算机从来就不需要关机。相比之下，这本书的作者现在就需要休息，而且不休息不行。

但这不是说系统已经就绪，可以代替我们这些“行尸走肉”了。还有一些任务和问题我们能处理得更好，而且在未来数十年乃至数百年间将一直如此。这是我们作为物种之一持续存在以及持续进化的积极信号。即使我们能在不久的将来为机器植入“思考”和“感受”的能力，我们相对缓慢、以自我为中心、带有偏见的人类大脑在某些情形下还是至高无上的。与机器相比，我们还是能胜出的。比如：

为我们从未碰到过的问题找到理性化的解决方法。当面对一种情形时，哪怕是我们之前从未遇到过与之完全一致的情形，人类有能力采用思维模型和进行启发式学习来找出方法。这是数百万年进化的结果。在问题中——哪怕它与我们之前见过的东西只有些微小的类似——我们可以找到模式，然后将这些模式应用到当前问题中去。举个简单的例子来说，十字路口的“行/停”标识就可以让一台机器不知所措：因为这台机器中设定的程序是读取文字，而交通标识用的是小红人或小绿人的符号。但对人来说，理解这些符号的含义实在太简单了。

学习但不用被告知如何学，自主学习相关知识或有趣的东西。一个人不需要明显的指导就能随着时间流逝而积累起自己的知识。拿小孩子来说，他们不用接受专门的教导就能通过试错法学到最基本的东西：走路，认识爸爸妈妈等。

即便身处陌生环境也能理解并掌握该物理环境。你把某人带到一间他从未去过的旅馆房间里，他能很随意地在房内走动，找到浴室，打开咖啡机。这样灵活的操作是当今的机器还不能做到的。

同理心、创造力以及和其他人的关联。人性软弱的一面其实也是我们比机器更优越的那一面。在机器中植入的阅读人类情感、进行独立思考以及模仿人类交互的能力虽然有了发展，但还只是对实际情况的苍白模拟。

但让我激动的是，不要将人类和机器的能力视作非黑即白，而是二者相互弥补。我们要的是一个将机器最好的部分和人类最好的部分相连接的“铰链”。我们需要胼胝体（位于大脑中央的神经纤维束，连接着大脑的两个半球）的一个对应物。除了其他功能之外，胼胝体促进了半球间的交流，使得主管逻辑的左半球和主管情感的右半球协同工作，完成单个半球可能无法独立完成的一些任务。

我认为这一人机之间的“铰链”就是“搜索”，但不是我们如今所知的搜索，甚至也不是那些科技巨擘正在建立的搜索。只有我们不再将搜索看作一个页面操作工具，而更多地将搜索看作一系列的功能——这些功能可以使得我们更聪明、更快乐、更好地与现实生活关联，这样的搜索才会脱颖而出。

到目前为止，搜索只解决了这一挑战中很少一部分。事实上，更可能的情形是，最早的那批搜索开发者甚至都不知道这个“铰链”才是他们试图解决的问题。他们最关心的是找到一个页面，而这个页面包含了在搜索框里输入的一个或多个词语。这么说不是贬低能基于几个词语在几毫秒内从数千亿文档中找到需要的文档的搜索科技。但是就如我们在后续几章会看到的那样，我们所处的世界日益数字化，这也就意味着所有的一切——从 Crate & Barrel 家具公司的一张吉普森咖啡桌的完整规格，到我在全球旅行的全部历史记录——都被计算机系统捕获并保存。伴随这一进步而来的应用将非常广泛。而我们看到搜索的影响同样深远，特别是当我们开始意识到搜索不是一个万能的工具，而每次查询不只是一个“钉子”时，它更应该是一系列的工具，有助于大幅度地扩展我们人类的潜力。

未来将会怎样？

我的日常工作是微软必应（Bing）的高级搜索总监。有很多员工致力于推广并提升我们的搜索引擎技术，我只是其中一员。我从一开始就在必应工作，也很幸运一直参与在我想象中最繁复的启动工作中。

2013 年 12 月，有人打电话问我是不是愿意写一本关于搜索的书。我的反应是当然可以，为什么不呢？当时我正计划环球旅行，到 14 个城市去进行已经安排好的谈话和会议。我正在微软启动若干新的产品，也刚刚戒除咖啡因。很显然，我有点儿失衡。

每个设备、我们周围的每个物体、每个人都互相连接，我们也开发出从噪声中识别出模式的系统。面临这样的现实，写下我对此的观点很重要。搜索的力量在于提醒我们那些自己都不知道但其实应该知道的东西，也能在广义上让我们变得更好。我看到数字化的黄金时代正在来临，每个人、每个地方、每样东西都可以用数字的形式描述。一旦那个时代降临，而系统从我们复杂的思想中过滤掉那些知识残渣，那么人类的能力将得以增强，我们就可以做出更好的决定，还能在一念之间就操纵物理世界，而最终也会更加幸福。我在晚宴或者讲座上描述我的工作以及我对搜索未来的愿景时，人们无一例外地对这些可能性感到兴奋不已。当我谈到科技带来的超级链接、超级分析、超级指引到底意味着什么等深入内容时，更多的人才开始深思。

技术产业的圈子其实很小，我就有很多朋友在谷歌工作。而谷歌通常被认为是微软的主要竞争对手。虽然我对工作在山景城的同胞在做什么没有明确的信息，但在用晚餐的时候我会听到他们在思考什么，以及必应和谷歌都在试图解决的问题。

这本书接下来所讲述的并不是必应、微软或者任何其他公司建立这样的未来搜索产品的计划。事实上，书中很多概念是矛盾的，也涉及监管方面的擦边球。在某些情形中，社会就是不能接受一个超级互联的世界以及由此带来的透明度。我们这本书说的是未来的形势。而我每天深度生活在互联网之中，一年要和数百家公司的工程师和技术专家以及那些推进着技术发展的学者交流。总体来说，我相信技术的力量能建立起一个更自由也更幸福的社会。

当人类与机器融合

我们人类总是想寻找方法捕捉我们在现实世界中看到的东西，从而将其保存、传承并从中学习。岩画、日记、散文、照片、录音、录像……所有这些踪迹使我们能织出一张生动又不朽的挂毯，其描绘的世界超越了我们个体生命的短暂本质，而且我们越来越多地用机械来保存、分析、解释这些踪迹。

与此同时，我们一直在尝试通过一些架构连接人机之间不兼容的界面，从而将两者结合。比如纽约中央火车站是一个汇聚了人类和机器的移动的中心。我们通过结合人类和机器的两个独一无二的特性——人类精细、自主但是缓慢的移动结合机器利用引擎和轨道进行的粗放、限定但快速的移动——让人们走得更快，走得更远。

融合了人类和机器各自的能力后会发生什么？如果我们用机器可以利用的方式捕获现实世界，然后利用机器的能力来大幅提升人类的能力会怎样？这就是搜索的未来，其独一无二的能力是对现实世界进行有意义的索引，并同时作为这些知识的通用接口。搜索就是我们一直想要的"铰链"。

我重申一次，这不是我们今天所认为的搜索，那只是一个信息获取系统，我们输入一个名词并希望得到一个包含那个名词的结果页面。我们必须要把搜索看作空中的一位无所不知的观察者。它知晓苍穹之下、大地之上发生的一切。要想这一切变为现实，搜索本身必须被解构，还原成各个元任务：对这个世界及其中的一切进行索引并理解；读懂感受，于是搜索系统可以看、可以听（最终能闻、能摸！），还能和我们以更自然的方式交互；和我们人类的交流方式要与情景匹配——不论这样的情景是文字、对话，还是代表我们和其他机器通信并在真实世界中让事件发生。

在下面几章中，我们会探讨将搜索转变为连接人机独特能力的“铰链”的进展。我们会先审视这一新的网络以及搜索引擎面临的挑战，接着我们会分析在新的职能下搜索引擎能做些什么，还会介绍搜索引擎的新规则。等到我们对未来搜索的潜力有了切实的理解，我们会讨论新一代的搜索会怎样在更大程度上包容人性，提升人类的能力，真正成为我们在真实世界和虚拟世界中的代理人。

虽说我们这些技术人员设想了那么光明的前景，搜索的未来如何却还没有确定。我们会审视那些当前阻碍我们迎来搜索黄金年代的障碍。这些障碍包括技术挑战，也有更宽泛意义上的社会问题，比如我们是否想要这种洞察我们的世界以及其中一切的看似无所不在的能力。最后，我们要讨论的是在将人类的潜力和机器层面的能力结合而形成共生关系，并颠覆了诸如商业、隐私以及日常生活等现有概念后，搜索到底还有怎样的意义。

旅途：人与机器共同进化

那么，搜索这幅图画最终将会如何呈现？我既带来了好消息，也有坏消息。坏消息是，没有人真的知道会发生什么。当然，还有好消息。虽然有不少未来学家宣称我们对模拟世界加以数字化的决心大幅提升，能理解并据此做出反应的机器数量也不断增加，因此结果就是合情合理、预先注定的，但是技术以及社会风俗的随机性和混乱性将使最好的预测都近于胡扯。所以在这本书中，你将与我一起目睹这幅图画的呈现。当写作本书的时候，诸如史蒂芬·沃尔弗拉姆的互联设备项目、IFTTT（网络自动化神器）服务等——这些都使设备获得某种程度的智能水平——相继涌现，而且比我认为这些能力出现的时间早了5年。这就是说，我的思想要么太平淡无奇，要么太有先见之明。在这本书中，我们将利用一些最顶尖的计算机科学家、研究人员、硬件工程师、广告人员，还有那些心地善良却略显古板的聪明人的想法和研究，探索这些新技术中不断涌现出来的能力。我们一起来解封这一未来，并希望我们所发现的未来不是我们任何人预测过的，但回溯起来似乎又注定如此。

那么，到了书本的最后，我们会知道“飞车在哪里”吗？我们是否终于能看到实实在在的C3PO[①]而不是以合成图像的形式？虽说对技术的预测似乎总以失败告终，但通过本书的结论，

① C3PO是《星球大战》中的著名角色，金色人形，以通晓宇宙各种通用语言和唠叨著称。——译者注

我希望我们都能认同这一点：我们所处的这一历史时期，已经拥有了足够多的东西，不只是为我们的数字化和实体化生活带来天翻地覆的变化。我们要保持淡定，迈出一大步。我们的社会不再将技术单纯地看作一个工具，并按我们的指令行动，而是将技术看作一种文化，而这种文化具有的人机共生特性会提升我们自己、我们的商业和我们的社会，使其存在和意义达到更高的水平。

第 1 章
搜索将看到什么？

SEARCH

互联网最初引起大众注意的时候，曾有这么一个说法：有了互联网，证明“无限猴子定理”的速度要比之前想象中的快许多。“无限猴子定理”由埃米尔·博雷尔提出。它说的是有一只猴子随机在打字机上打字，如果给它无穷多的时间，那么几乎可以肯定它能写出一篇莎士比亚的作品来。互联网的能力可以被视为同时有了几百万只猴子。网络的基础架构和巨大尺度使得任何事情都能被创建、被描述。

而在一定程度上，这已经发生了。网络曾经的着重点在于文字和图像，后来有了视频网站YouTube，可见视频也得到了重视。大家的看法是，1996 年的互联网大概有 10 万个网站。当时有一个标准值，即一个网站约有 441 个页面，所以那时网络的规模约是 4 400 万个页面，或者叫URL（统一资源定位符）。而如今，主流搜索索引器超过 10 万亿个URL是很正常的。将这个数字乘以每页平均的字数，很快我们就会得到一个让我们人类大脑无法处理的数字。

说到这里，让我们暂停一下，先谈一谈网络的演化。我们所说的网络是一种利用浏览器发布并链接到超文本文档的工具。而超文本不只是一种文档而已，其中包含了链接其他内容的文本。蒂姆·伯纳斯–李是“互联网之父”，他增加了一个层级，让这些链接指向保存在分布式网络上另外一个地方的另一个超文本文档。

随着时间的推移，聪明的开发者们想出办法让网络更有活力、更有生气，但是其基础架构（以及绝大部分内容）还是由链接到其他文档的文档组成。我们这么说没有指责的意思。事实上，基于当时的技术，这样一个结构可能是唯一可以在现实中做出来的东西。要知道，20 世纪 80 年代后期和 20 世纪 90 年代早期的世界比现在慢得多，也更依赖于模拟技术：

- 我们的电脑速度较慢，不能显示复杂的图形、视频和照片。而如今，哪怕是最廉价的设备都能做到这一点。
- 我们的网络连接较慢，所以除非只下载文本，否则就要花上大量的时间。如果你还记得用过 9 600 波特率的调制解调器，就能回忆这样的场景：一个个词语在你的屏幕上出现，好像有一个打字速度奇快的打字员正在远方疯狂地输入一样。后来，调制解调器越来越快，到了 28.8K（千字节）甚至 56K 的速率，我们能看到图片甚至听到一些声音了，但是延迟还是很明显（网络上图片的显示慢得可怕，随着数据线上传来的数据而慢慢显现）。

- 我们的输入方式较慢。除了电脑，我们没有其他数字化的东西：没有数码相机拍照，没有数字录音机录音。什么都没有。最容易通过电脑网络输入和传输的唯一数据就是书面文档。
- 我们捕捉文字之外的能力也有限。当时没有 GPS（全球定位系统），也没有本地位置数据库（年轻人，曾几何时，每年都有人在家门口扔下一本厚厚的电话黄页！），也没有传感器告诉我们现在面向哪个方向。而即使我们有能力将我们的周围一切加以电子化，我们的设备也显然没有这样的存储能力。1989 年，1G（千兆字节）的存储空间大概要花 36 000 美元，需要 40 个笨重的磁性硬盘保存。而如今，8G 存储空间的花费不到 5 美元，只占据指甲大小的空间。

所以网络基于文本而建也就不奇怪了，因为实在没有别的技术手段了。

搜索走到了哪里？

由于网络是基于文本文档构建的，所以我们最初将其分类的尝试很像是一种原始的杜威十进制图书分类法。雅虎就是一个由工程师维护的层级索引。对于某一个词语，有一系列的页面和网站与这个词语相关。这样的层级索引过去是、现在也仍然是通往广袤信息领域卓有成效的路标。如果你对阿根廷的旅馆感兴趣，层级索引可以带你访问一个网站，而那里列出了很多阿根廷旅馆的信息。

网络不断扩展，从成百上千个页面到数百万乃至数亿个页面。这些页面上使用的词语也扩展到了百万亿计，单纯的层级索引不再适用，于是就诞生了搜索。

但纠结之处在于，索引本身不再有任何意义。索引主要用来在一本书中找到对应于一个词语或者词组的页面。显然，如果一个索引包含了图书馆里所有书的话，它的用处就不大。比如我们查找“大象”这个词语，那就不得不浏览图书馆收藏的数百本书中的数千个结果。意识到这一点后，一场革命就不可避免了。

搜索工程师意识到，根据一本书和大象的相关性，可以对这些书加以排序。显而易见的是，有些书（比如一位和大象生活了20年的非洲作者写的书）相比另外一些书（比如说迪士尼的《小飞象》）包含更多有关大象的信息。但即便是在数字时代，创建这样一个排序的索引也会面临挑战。你怎么知道正给你做讲演的人是驯马专家？你怎能确信岩画向你展示了刺杀野牛的正确方式？在过去的很多情形中，权威性排序由人们对该来源的评述决定，而这样的评述通常基于这些来源是否能给予人们良好的信息，或者帮助他们成功地完成某项任务。随着搜索引擎所包含的人类知识越来越庞大，工程师开始寻找在数字系统中重现这一现实世界的方法。

谢尔盖·布林和拉里·佩奇设计了BackRub（返回触摸）算法，成立了谷歌公司。他们衡量的是每个查询返回结果的权重，该权重对应着每个结果与该查询的相关程度。通过找到一个页面中链接到另外一个网页的文本可以得到权重。A页面上的这些链接文本（称为“锚文本”）为搜索引擎提供了目标页面（B页面）可能的内容描述。如果足够多的、具有相似词源的词语都指向同一个页面——比如，有10 000个页面都包含“大象”这个锚文本，且都指向另外一个网页（B页面）——那么引擎可以假定B页面很可能说的就是大象。我们结合实际生活来思考一下这个过程。如果有足够多的人告诉你洗手间在旅馆的二楼，你很可能会相信他们。而如果这些人中的大部分还是在该旅馆工作的人员，你对这个答案的信心会更强，因为这些人在这个话题上有更高的权威性。搜索的情形也是如此：不仅仅是有10 000个页面告诉引擎B页面是关于大象的，这10 000个页面的质量（或者说可信度）更是一个重要的衡量因素。

这些年来，工程师研究出了数百个其他变量，让搜索可以适应不断增长的网络。随着页面和链接数量的增加，我们的算法越来越擅长识别链接的含义和网页的其他特征，并确定当用户使用某一特定查询时他可能想要查找什么。

不管怎样，搜索这个领域还是相对简单的，因为我们以相对简单的方式去搜索东西。页面上的文字——偶尔加上图片——成为现实世界里各种思想的一个低精度的替代品。

文字的局限

随着互联网的成长，它渐渐地能以更复杂的形式来表征这个世界。网络不再是一系列页面和链接，偶尔夹杂一些有趣的猫咪视频。网络更是一种方式，使得世上的一切得以重现、互联、有意义。有了这个目标，我们不断拓展了传统搜索系统的极限。也就是说，传统搜索更依赖于语言作为与日渐电子化的物理世界进行交互的主要方式。

语言是描述这个世界的“低解析度”方式。

语言的问题在于它是描述事物的“低解析度”方式。我相信有不少人会辩解，辞藻优美的散文所蕴含的细节是图片无法展现的，它还能捕捉激情、恐惧以及人类生活的种种精细之处。这些也不是单看表面就能了解的。也许这些人说得对。但是试试做这件事：用语言来定义一个相对简单的对象（比如一张桌子）的所有属性。要完成这个任务需要大量的文字：尺度、材质、出产地、装配工人的名字、表面材料的耐火等级、在仓库里的放置位置、购买日期……只是为了获取物理世界中如一张桌子这么简单的物体的要素，你快要创造出一本大部头的手册了。

数字电路、无处不在的网络以及几乎无限的存储容量的兴起改变了我们，让我们不再依赖文字作为描述周遭一切的方法。它还给我们提供了一种方法来描述这个世界和其中的一切，且不需要我们额外做任何事情。很多时候，系统会将其所处的世界加以分类。让我们迎接新现实的到来：若要捕获一个时刻、一种感觉或者一个对象，我们不需要写写画画，而是改用某个可以握在掌中、放在车上或者贴在玻璃移动门上的设备，就能转化 10 倍甚至 100 倍的信息量。机器或者人类在网络上留下的数字踪迹可以得到汇总，提供比我们之前能得到的更完整的图像，来描述人、地点、事物和事件。

换句话说，我们所熟知的搜索之所以能派上用场，是因为我们用来描述这个世界的最好方式是搜索引擎和人类都能理解的内容：我们能理解词语到页面的映射，页面到信息和服务的映射。你也许会问，稍等一下，搜索视频或者图片的时候又是怎么回事呢？秘密在于，直到不久之前，即便是图片搜索也只能根据包围在图片周围的文字来找到你想找的结果。搜索“蝙蝠车”时通常返回的（图片）结果都有一个标题或者说明文字含有“蝙蝠车”，而对应的图片其实只是一只蝙蝠驾驶着一辆玩具车。视频搜索也是如此。除非正确的关键词出现在 YouTube 网页中某处（或者在相应的字幕脚本中），否则搜索就找不到。简单来说，要是你仅有的工具就是一把锤子，那么所有的问题都看上去是一根钉子。

但要是虚拟世界的构成远远不只那些基于语言对对象和想法的描述，情况会如何呢？要是对世界的描述由非常精细的细节构成，而且提供这些细节的不仅是人还有别的事物，情况又会如何呢？在不久的将来，连接设备的数目将达到150亿，到2015年我们就能超过这个阈值。这些设备和传感器的能力大得惊人。它们可以进行简单的测量（比如温度、方向、行动），也能进行非常复杂的动作（比如传输图片和视频）。突然之间，一个物理对象（比如一包薯片）的互联网呈现方式被改变了。它不再是一个简单的网络页面，写着营养成分和一些描述，而变成这样的一个页面：

- 哪些人喜欢这个食品
- 售卖该产品的本地店铺列表
- 人们对该产品的评价，以及他们为什么喜欢或不喜欢这个产品
- 人们购买这个薯片的频率以及这些买家的人口统计学特征

这是一个深刻的变化。一旦将其应用到现实世界中所有其他的对象，这个变化还会更加有趣。我们不再需要依赖语言作为通用的描述符号。眨眼间，世界可以被建模（我们很快将看到这个世界）。它有着似乎无穷无尽的细节，和语言几乎没有什么关联。自然语言和模拟性质的多媒体（如书本、照片、录音、电影）描

述这个世界所用到的符号，不再占据统治地位。如今进行物理描述时使用的通用语言包括的信息有位置、时间、相关人物、能力和可视化呈现。这些都用来描述物质世界的特性，而它们也越来越成为存放在网络上的数字描述。这就像我们用电子显微镜可以看到花粉孢子表面的起伏不平，而用肉眼却只能看到一些模糊的细节。世界越来越数字化，这意味着所有的一切都以越来越高的精度来描绘。

因此你可以想象得到，可怜的搜索引擎在今天的网络中遭遇的是怎样的窘境。它们试着去寻找页面上的文字，但是页面通常不存在，而即便存在页面，它们也通常不包含文字。想象一下，搜索引擎试图找出你的朋友向你推荐的一家在维也纳的餐馆。她在两周前和你开会时提到了这家餐馆。这有点儿像一个图书管理员进了图书馆，发现有些书被借出，有些换了封面，有些藏在其他书后面，而另外一些转移了，被放到不该放的地方，还有一些根本就找不到。想象一下吧，如果他要找点儿什么东西，他就只能用古老的分类卡片，而卡片根据词语和其在固定书架系统中对应的物理位置提供索引，这个任务该有多么复杂？他肯定会辞职不干了。要不就转行来计算机科学这个行业？

更有能力的网络

人们很快就会走出主要由文本页面组成的互联网，而进入我所谓的“能力网络”。虽然我们看到的大部分网络还会包含各种内容，但在过去5年间出现的数百个服务（优步、跑腿服务TaskRabbit、自助食材配送服务Plated等）将网络从一个信息仓库转变为一个富有活力的工具：既传输数据，也是一座连接的桥梁，并对现实生活中的事件产生着影响。它的存在不仅仅是世界上最大图书馆的一个数字版本，更重要的是，“能力网络”在存储信息的同时，也帮助人们在现实世界中采取行动。

“能力网络”帮助人们采取行动，而不仅是找到信息。

使用当今的搜索时，如果你试图做的事情超出了我们所习惯的基于名词的搜索，很快会出现问题。比如，虽然一个搜索引擎在技术上很容易给用户提供网上订餐平台OpenTable上某个饭店的订座页面，但如今的搜索引擎却没有这么做。如果我输入一句话，比如“今晚7点在野生姜饭店帮我订个座”，传统搜索最多也只是给出一系列页面让我进行下一步，可这不是我想要的：我希望跳过中间步骤直接完成这个订座的任务。我要搜索引擎知道我是谁，知道我想说的是什么意思，告诉我今晚是否有空座。如果没有空座了，我希望它基于我的要求和对我的了解为我推荐另一个我可能也会喜欢的餐厅。由于现在的搜索引擎还是把所有的查询视作对文档、图片或者视频的请求，所以只能给我们一些网页的链接。如果搜索不再将网络看作一个大型图书馆，而将它视为物理世界的数字化代理，那会发生什么呢？

搜索要演化，就要理解并处理“能力网络”。即便在我写下这些文字到你读到这些文字的这段时间里，“能力网络”的构造也在不断演化。为了更好地了解当今搜索工作的环境，我们花点儿时间来看看全球“能力网络”的样子。

图片

最早的网络中，图片就是其中的一部分，但是拍照手机和高速网络的出现使得网络图片的数量和质量得到飞速的提升。不仅如此，如今的很多图片附带属性，也就有了更高的真实度。图片的经纬度（能让系统知道图片在何处拍摄）、拍摄时间、拍摄者名字、拍摄使用的设备类型、图片中各人的标记……如今的一张图片真是胜过了千言万语。这么多的细节再加上每天网络上发布图片的数量多达数十亿张这个事实，使你得到的这个真实世界的精度将会非常高，而且每天都如此。更何况我们稍后就会看到，系统开始识别图片中有些什么，而不是因其存在而简单地加以分类。

视频

虽说RealNetworks公司是第一个推广网络视频的公司，但是直到 2006 年 YouTube的出现，我们才摆脱了视频制作和提供服务的高昂费用，以至如今任何人几乎用任何设备都能实现了。我们都听过这个统计：每分钟有长达 25 小时的视频上传到YouTube上。随着诸如Dropcam（监控摄像头）、谷歌眼镜以及GoPro相机等设备的涌现以及越来越高端的手机的出现，仅就视频而言，这个趋势只会越来越快。当把我们拍摄的图片中的人物加入脸部识别软件后，突然之间我们对这个星球上的众多情景有了高保真的描述。诸如Koemei（视频转录系统）或者微软MAVIS这样的系统将视频中的音轨转换成可被机器阅读的文本，所以即使今天的系统也能对其进行搜索。

社交网络

诸如推特网和脸谱网这样的新兴网络已经在很多书里被讨论了，而且这些系统的发展从来就不缺乏爆发性。在2013年年中，人们每天在脸谱网上对人物、地点、事情、状态的“点赞”次数达到45亿次。单单在脸谱网上，人们每天共享的信息就超过40亿条。

对“点赞”的分析

让我们花点儿时间分析一下“点赞”的构成。我参加了在都柏林的一个活动，然后在脸谱网上放了一张照片。我共享了我的位置（三一学院图书馆，脸谱网上有一整个页面是该位置的介绍），我和谁在一起（我的伴侣萨拉·伊丽莎白·伊佩尔，脸谱网也能告诉你这一点），还有我什么时候去的那里。

“谁点了赞”也一样重要。挑战在于，目前我们不清楚人们喜欢什么。我的同事赞的是我出了国这件事，还是照片，抑或是我提到了《哈利·波特》中的一个地点？目前所知的是，我有两位朋友纳文和阿耶莱特都赞了其中的某一点，但是谁能猜出他们到底赞了什么？对于搜索系统来说，接着去检查一下每个人的档案，了解他们可能赞的是帖子的哪部分则是小事一件。阿耶莱特经常发关于《哈利·波特》的帖子吗？纳文经常待在都柏林吗？这样一来，系统找出人们为什么“点赞”的能力就得到了提高。这还得感谢用户在线时展现出的个人爱好。

我们还能看到评论，其中包括我的一位朋友库尔特写的。他说他正好也在那里。脸谱网的整体系统可以利用这个事实来更好地构建库尔特的档案。我们做出这样的描述并不是要引起大家的警觉。毕竟是我选择在这里说出这一切，而且我能很容易地调整隐私权限和设置达到非常私密的程度。关键在于，我在手机上进行的更新操作只耗时 10 秒，却贡献了大量的信号用来以数字的方式描述这个物理世界。

个人信息

脸谱网和领英是如今个人信息来源中最主流的两个。这些信息不局限于用户在他们的档案中明确分享的那部分，还包括用户在网络上一时兴起浏览时不知不觉分享出去的那些。回想一下你在访问互联网时，有多少网站实际上用脸谱网或者领英作为登录的途径？而且这还不仅是登录这个过程——这些服务还会从脸谱网和领英那里获得有限的一些个人数据。所以接下来我就知道TaskRabbit网站会获得我的家庭地址，一个会议网站会获得我的工作职位、担任该职位多久以及一张头像照片的信息。

所以，不只是脸谱网获得了这些数据，所有站点只要使用了这个身份标记，也将获得这些数据。在互联网生态系统中，这一“自我”的延伸是一个非常深刻的改变。而且在脸谱网及其统一登录系统出现之前，这样的改变也是不可能的。将来，我们很可能只有一个单一的网络认证系统，比如通过脸谱网、微软、谷歌或者其他服务网络。我们使用的所有其他服务都能将其特有的域信息添加到这个中央认证库中。所以，当你用SpotHero（网络预约停车位应用）去预约停车场里的位置时，该信息会传回你的中央认证库，使得其他使用该身份的应用和服务更强大，也更个性化。

互联现实

我将下一个有很大可能进入能力网络的新成员称为“互联现实”（Connected Reality）。这些年的科幻小说，都会说到有一个系统可以帮助我们在这个真实世界中做事。这世上发生的事情以我们之名，但我们还未曾意识到，这就是所谓的狂热者的魔法——无论我们讨论的是一个反乌托邦的未来，比如《终结者》

里所描述的那样，有一个云端互联的自主杀人机器，还是在考虑一些更愉快的场景，比如个性化标识，它可以像一个信标那样帮我们开门、开灯或者播放那些来过家里的人留下的消息。在过去 5 年，将虚拟事件与物理应用加以连接的服务呈爆炸式发展。以下只是一些例子：

- SpotHero 和 QuickPay 两个应用帮助你在车库或者街上找到停车位，通过进行网络支付，保证该位置在你到达那里之前都是空的。另外，它们还管理着实时的可用停车位信息，并将该数据发布到网络中，以便其他服务使用。
- INRIX（交通信息服务应用）和 Waze（交通导航应用）通过我们口袋中的超强计算机（智能手机）来测量我们的速度和位置，并将该信息传回一个中央服务器。结果呢？系统将以最优化的方式将你引导到目的地。即便走高速公路路程较近，但也可能不是最好的路径。这样的系统会在不那么拥堵的道路上为你设计路线，节省你的时间，减少你的烦躁。
- OpenTable 早在 20 世纪初就开创了数字和位置的转化，而且现在还很盛行。它将餐厅里的空座和想要订座的人连接在一起。
- Postmates 提供一小时快递服务，TaskRabbit 提供家居琐事和专业的工作。它们将一种愿望（比如“一小时内我要拿到手机充电器”或者“我需要人帮忙从天花板上刮下一点儿漆并把样品送去石棉化验室进行化验”）变成了行动。

- IFTTT 整合了若干在线服务。一旦其中某个服务发生了什么事情，IFTTT 就会作为代理人采取行动。如果我用手机拍照，IFTTT 会自动将其贴到我的脸谱网页面，保存到我的云储存服务 OneDrive 里去，并在推特网上给我的好友发布消息说我刚又捕获了一些有趣的数字化信息。还有一些有趣的命令，比如“如果我的 Fitbit 应用表明今天我走了 10 000 步，那就打开我的巧克力盒子”。一切皆有可能。
- SmartThings（家居自动化平台）将真实世界和虚拟世界连接起来。它通过廉价的门窗、动作、温度传感器采取行动。如果一个传感器检测到我的热水器附近有湿气，那么系统就会给我发一个文本消息提出警示；或者，如果我的公寓在 30 分钟内都没有任何活动，系统将关闭所有的灯。
- GateGuru（机场指南应用）汇集了数百个数据点的信息来告知你飞行计划、机场安检排队时间，以及完整的机场食品、商店和服务列表，还包括超过 25 万条评论和建议以及 5 000 张机场、航站楼和机场设施的照片。
- SeatGeek（票务搜索引擎）追踪那些在你选定地点发生的特别事件，并关联了 200 多家票务中心，从而将数据应用到现实世界中。你再也不用为泰勒·斯威夫特的演唱会花冤枉钱了。

- 优步将你与出租车、司机和顺风车服务进行实时连接。现在它还增加了当天送达服务。
- Seamless（在线订餐应用）把你和当地提供外卖的餐厅连接，于是满足了你周二晚上在阁楼享用中餐的愿望。
- 很多零售服务商和应用省掉了你前往店铺的麻烦。它们能在库存中找到你要的产品，并且保留到你去提取的时候。

所有这些情形中，这些新的服务都创建了一种吸引人的方式，使得人们只要在智能手机或者平板电脑的屏幕上按几下，就能快速而便利地完成某个任务。爱因斯坦将量子物理描述成“鬼魅般的超距作用”。而这一切就在我们眼前，根本不需要什么弦理论，正实实在在地发生着!

设备

我们口袋中携带的微处理器越来越小，传感器的数量越来越多。关于这一魔法，已经有太多的文字对此加以描述。就在几年前，这些传感器还主要存在于我们的智能手机上，但是随着GPS、加速计、陀螺仪、钟表、罗盘，加上Wi-Fi（无线网络）

三角定位和信号、近场通信、蓝牙通信的出现，我们如今已经能够测量数百个与我们存在相关的方面，并将这些信息反馈到某个或多个服务中。其实我们能得到比这些测量更多的东西：

- 诸如谷歌眼镜这样的设备能时刻捕获你看到的图像，微软摄像头LifeCam能每隔几秒钟拍摄一张照片。这就意味着一个人可以连续不断地对生活进行数字记录。
- Autographer是一个可穿戴且无须动手操作的照相机。我们现在就可以买到。它用5个独立的传感器（包括温度、照片、全球定位、罗盘方向和行动速率）实时记录你的生活。所以你再也不必在旅行的时候拍照了，一切都已经记录下来了。
- 诸如英特尔发明的新型爱迪生芯片可以提供实时转录的功能。这意味着你的每次谈话都会被记录和转录以供日后检索，而且这些对话都被标上地点、时间，甚至可能包括说话者与倾听者的名字——只要此人在你的日程之中，或者此人由你的谷歌眼镜拍到，又或者此人在几分钟内和你在相同的物理位置签到。我想你应该明白我的意思了。

“事物”

我们之前讨论过，硬件价格大幅降低对互联网世界的喧哗有着巨大的作用。用来设计和制造单一功能或多功能设备的工具不断涌现，而这些设备可以测量、分析、汇报乃至影响其所处的环境，这就将我们带入了“物联网”。网络扩展了它的接触范围，不仅局限于虚拟世界，而且进入了我们整体的离线生活。

- 低功耗和廉价的芯片意味着投放在洛杉矶街头柏油路面下的磁场仪不用换电池也能运行好几年。这些设备能告诉我们车位上是不是停放了车辆。而且显然还有更多的地理定位数据被传回云端：就在此时此刻，位于某经度和某纬度的停车位是空的或满的。这样的信息每天每时每分每秒都能得到。
- 个人追踪系统能表明我在哪里，移动速度有多快，走了多少步，又是什么时候走的，在看一幅图片时我的皮肤电反应、我的心跳、我的瞳孔放大情况如何……追踪其中某些功能的设备已经面世，而在不久的将来更多的设备将会面世。想象一下：你的眼镜记录下你在看到某些有趣的东西后心跳加速，瞳孔放大。明确表示喜欢某件东西的概念就如同给编辑写信一样明显。
- 那些默默对一个刺激做出反应然后打开某个开关的小部件，比如Clapper（声控开关）或者你车库里的动作传感器，突然有了通信的能力。比如你现在不只可以通过拍手打开一盏灯，你还可以通过家中或者任何地方的其他设备来协调一盏灯的动作。

- 门上的锁不再仅仅是一个阻止他人进入的机械，它还能提供一种输入给某个系统，从而知晓谁可能何时在家。

事件

宿舍盥洗室或者布告栏上飘扬的传单宣告着即将发生的事件，它们也转变为一系列在线服务，使得我们可以在全球范围内搜索并分享事件。另外，这些布告的数字化也意味着从任何地方都可以获取。

随着廉价在线会议的出现，人们甚至不必亲自到某个地方，就能参加他们感兴趣的活动。诸如Meetup（线上聚会网站）和Eventbrite（在线活动策划平台），还有脸谱网，使得组织这件事变得易如反掌。其他公司，如被推特网收购的Spindle（移动搜索引擎），它通过在官方资源之外挖掘传到云端的海量数据，从而捕获某个城市到底在发生什么。想象一下这样的场景，通过听取一个大都市范围内的每段对话来推断出发生了什么。这就是Spindle利用文本、音频、图片和视频能做到的事情。

地点

虽说完全虚拟的事件越来越普遍，但大部分事件还是基于物理位置。如今有不少系统捕获着关于物理位置的复杂细节，如剧场的网站显示座位图和空位，Yelp（点评网站）显示对酒吧和餐厅的描述等。而且，现在我们还可以实时了解每个地方发生了什么，例如通过在四方网上的一次登录或者微软最新专利所提到的利用手机上的麦克风向云端报告某个地方的噪声水平，从而知道这个地方是人头攒动还是冷冷清清。固定传感器搜集的数据可以引发一系列的决策。

再考虑这个情况：有超过 2 500 万个小公司在脸谱网上创建了公司页面，而且非常活跃。这让它们能和客户及潜在客户以近乎实时的方式进行沟通。这些页面上有着大促销、公司经营时段、谁喜欢这个品牌或产品以及其他事件。以往在现实生活中被描述的重要业务信息如今迁移到网络上，扩充了“地点”这个概念。

混合系统

还有不少系统对现实世界进行了数字化处理，并能为那些短暂事件提供更高保真的记录。虽说我们下面要提到的服务看起来不那么具有革命性，但是要把它们放在其他数以千计的数据源中进行考虑，人们在其中贡献了自己的方方面面。一旦这些信息编织在一起，它们就能以炫目的细节呈现人物、地点以及体验。这实在太壮观了。

- 诸如都柏林的FanFootage服务让人们可以用智能手机录下现场事件（如演唱会）。FanFootage的专有系统将所有这些视频片段编排在一起，成为一个连贯的整体。想象一下从数千个不同的角度来看演唱会是什么感受。更引人注目的是，大部分情形下，它们能用演唱会的音板记录作为音频部分，把模糊不清、质量下乘的录音变成美妙的音乐会剪辑，音效一流。

- Foodspotting这个服务能让我们分享在餐厅用餐的照片（当然，可以和餐厅站点互相引用）。所有的食物都能被分享和搜索，于是你能找到你最想吃的那种，或者看看某个餐厅或你所在的区域有哪些不错的选择。

支付系统

1999年贝宝（PayPal）上线后，我们有了众多数字化的消费支付服务，但是大部分仅限于线上消费。你可以用贝宝向朋友汇款来支付某一顿AA制（按人头平均分担账单）大餐中应付的那部分，但是大部分交易和电子商务相关。不过贝宝现在改进了，Square和VeriFone等电子支付公司也是如此，它们使小企业主和私营企业主可以方便快捷地处理电子支付。转账汇款如今像发送电子邮件一样简单。而新型货币（如比特币）的出现表明，即便没有后面的央行支撑，价值也将得以交换。简而言之，无论有没有人类的干预，系统代理交易的可能性也将越来越大，而这些交易被搜索发现的能力也在增加。因此系统会知道我从不在巴尼斯纽约精品店购物，却经常在Bluefly（名品折扣网）消费，而它也会智能地知道我喜欢好看的衣服却从不花费零售价购买。

大数据，大影响

物理对象、地点、人物及其交互都变得数字化，而这些信息可以被其他系统以某种方式或形式加以利用。巨大的数字化代表了一种巨大的改变，它是人类历史上最大、最快速的信息化及模型化的进步。

举个例子说，在过去，公共停车系统最大的进步之一是在停车场天花板上吊下一排灯，让我们一眼就知道空车位在哪里。用这个方法可以解决难以找到某个车位的问题，从而节省大量的时间。这个方法很了不起，让我们不用逐一开过车位间的过道去寻找空位，只需冲着车库里的绿灯开去即可。不过这个方法也很粗糙。这个方案的应用范围——就像是岩画或者一本书的索引那样——只限本地。一位司机必须进到这个车库，但他不知道是不是有空位，或者空位在哪里。

不到两年，一种传感器被直接放在了街上（或者停车场里）。这些自发电、相对廉价的磁场仪可以探测到汽车上的钢铁，因此判定在某个特定的位置是不是停了车。这些传感器将每个位置的状态通过低功耗Wi-Fi传到灯柱上的中继器，再传到中央云服务器。眨眼间，情况就完全不同了。司机还没有想到去找车位的时候，已经收到了指示——告诉他在合适的时间去往合适的位置。更重要的是，网络上的引擎能用到这些实时信息，给司机和企业（在本例中就是停车场）带来好处。

这些机器层面的智能不只投放在大的公共场所，大众受益于家里和日常生活中如此大规模的数字化的日子离我们不远了。让我给你描述一下我今晚回家路上和到家后 10 分钟内发生的情景：

- 在我开车回家的路上，我手机上的一个应用采集了数百个互相独立的参数（方向、速度和开车习惯），并发往一个云服务器，后者将实时地描绘当前的交通状况。
- 我进入公寓后，一个放置在我房门上、只要 30 美元的无线传感器对我的到来加以记录，并告知另一个云服务器：此时此刻房门打开，后续应该要做些什么？而那个云服务器会接着告知公寓里的若干电灯开关：既然现在已经是晚上了，有一些灯应该可以打开了。
- 我命令我的 Xbox 游戏机开机。它会用内置的 Kinect 相机进行脸部和身体识别，于是从每个我用过的设备（手机、工作电脑和平板电脑）中调入我的档案、收藏以及偏好。由于我离开办公室的时候正在看一个 TED（技术、娱乐、设计的英文首字母缩写）演讲，而且我在办公室的平板电脑将这个情况如实地告诉了视频云服务器，于是Xbox建议我接着看那个演讲作为今日休闲的开始。

- 与此同时，我的手机记录到我处在一个临近我的公寓地址的物理位置。而我当天早些时候设置了一个位置提醒，于是我的手机提醒我到前台取一个包裹，而这个包裹是我之前在办公室的时候送达的。我的手机还记下了我到家的时间并保存起来，供日后的分析使用。
- 我还注意到我放在咖啡桌的平板电脑上有一个警示信息，说今天我的冰箱温度特别高——我出门的时候忘记把冰箱门关上了。
- 窗上安装的小相机一整天都在拍摄“西雅图大轮子”美轮美奂的设计。
- 我的智能插座默默地记录着公寓里的能耗，并把不需要电力供应的设备关闭。
- 我的温控器记录着我在家中的行动，为我一周中的某一天创建习性模型。

不少人在他们的家中、车上、家电上和设备上安装的传感器比我还要多，当然也有少得多的。但是这一层面的仪表化在 5 年之内就将不再陌生。看看 2014 年消费电子展（CES）的展示范围，你会发现出现了好多公司和数百个产品。它们提供了廉价的传感器、无线连接以及或专有或公开的服务，以便利用这些设备随时进行互动。

设备推动了“能力网络”

互联性增强的部分原因在于创建实时跟踪的设备所需的资本投入降低了。制造、发售以及替换这些用来捕捉现实所需的硬件和软件的费用已经降了好几个量级。事实上，在制造这些传感器的相关费用中，唯一可能增加的费用是学会如何制造它们所需的教育费用。而且就算是这个费用也面临压力，而这些压力来自MOOC（大型开放式网络课程）以及设计和编程工具，后者越来越像文字处理器而不是传统的开发环境。

杰里米·康拉德是洛杉矶硬件孵化器公司兰诺斯实验室的联合创始人。对于他带入实验室的那些公司怎样利用这一费用趋势发明下一代网络的问题，他思考很多。一些产品哪怕在10年前也是根本不可能的。比如有这么一个项目：一家名为Nanosatisfi的卫星初创公司只用了100多万美元就建造了一个卫星，让任何人可以在太空中拍摄照片，进行科学实验。我再强调一次，只用了100多万美元，一家公司就设计出并发射了我们人类可以使用的卫星。他们甚至利用了共享经济，从准备发射的火箭中购买空间容量，因为Nanosatisfi的卫星实在太小了。我们可以将它和一些卫星的平均值做比较：一枚常规的图像卫星重达4吨，造价8.5亿美元，占据了火箭的整个引擎罩。

Nanosatisfi的例子很令人不可思议，但还有其他的硬件和软件系统对用户而言更加容易获得。康拉德举例说：

> 20世纪80年代初，CAD（计算机辅助设计）系统刚刚

出现的时候，要花费 10 万美元（1980 年）。事实上，它们与一张桌子和一台电脑配好了一起发售，因为没有人能想象你用一台电脑去装载这个软件。如果我们快进到 2003 年，当时我在美国空军部门实习，能够运行软件的计算机得花费 10 000—15 000 美元，软件再花 10 000—15 000 美元。所以得花上 20 000—30 000 美元获得一个不错的工作站。接着我们快进到今天，我们公司能买到 400 美元的台式机，而且内置免费的CAD软件。如果你单看这件事的话，那么在过去 35 年里，它降了三个量级。

硬件设计费用在过去 35 年间降了三个量级。

价格急速下降的部分原因是新型制造系统的出现。它让设计者能快速进行原型开发并试错，而不用支付高昂的模具成本。传统上，为设备的塑料外壳制作模具要花费上万美元，而且在制造出第一个设备或者第一个客户购买该设备之前，就要进行这样的投资。而如今，随着价格的降低以及中端 3D（三维）打印机的批量上市，企业家或者公司可以先有产品的概念，然后进行数十次原型开发，而成本不过是一些塑料而已。发明家甚至不用购买这台机器。类似Protomold这样的小型公司能在收到你的 3D设计文件后把你的部件或者元件进行小批量生产，花费不到 2 000 美元。类似的小规模注塑生产曾经也是可能的，但是你必须承诺日后批量生产时大量采购。这些障碍显然束缚了个人梦想家的创新能力，妨碍了这些设备的推广。然而，技术的进步正在使得开发过程越来越亲民。

最后，硬件投资的资本方也有了新偏好。10 年前，一个公司需要募集 1 000 万—1 500 万美元才能让硬件上市。如果没有完整的商业计划在手，企业家或者公司不可能开始某个设备的设计。计划必须包括通过大型零售商进行分销的内容，这也就意味着他们必须立刻将从想法到出售的整个流程都规划好才行。风投资本家一般要求有两位数的内部收益率和自身投资的 10 倍回报，他们当然不喜欢在大工业生产上投资。如今，很多这样的项目成本并不高，所以初始筹集的资金也较小，也就有更多的风投激励着更多的参与者进行创新。

当然，还有客户的因素。曾几何时，很难找到客户，和他们进行直接的互动也相对困难。而互联网提供了连接点，带来了深刻的变化。今天的客户不再只是单纯的客户，更像是伙伴。正如康拉德所言：

> 以前，如果你要销售一个新设备，你会去大型商店。但在大型商店出现之前，我们有什么选择吗？虽然还有所谓的本地零售店，但如今我们讨论的是专卖店——它们要么有很长的销售周期，要么能让你买到《大众科学》封底上分类介绍的东西。这些店流行时间相当长。如今我们有众筹和搜索引擎上的广告位，在几个小时、几天、最多几

周内，就能在美国境内实实在在地获得几千个初期用户。

诸如Kickstarter这样的众筹网站让我们成为硬件革命中的微型投资家，其互联设备数量得以激增的方式是我们大多数人在10年前都认为不可能的。我购买了一块与互联网连接的在线手表、一个家庭自动化系统、一个语音控制助手、新式电缆和充电器，总花费低于1 000美元，而且交易本身也不需要我前往实体店。而要是采用几年前的生产方式，所有这些产品不论在技术上还是在实践上都是不可能出现的。

那么一旦某项投资或者某个想法成功了，规模会怎样？如果创新者做得好，我们怎样把产量从几千提升到数百万？关于中国制造的崛起人们已经花了很多笔墨，但重点是，从中国运输零件到你所在市场的费用其实只占总费用中微不足道的一部分。当然，费用总是有的，但是我们要感谢那些不起眼的集装箱——马克·莱文森的《集装箱改变世界》一书对此做了精彩的描述。集装箱将你的产品从生产场地运到客户那里，这会多花一点儿时间，但是价格比以往低多了。

一位企业家在卧室中想到了一个点子，用廉价的电脑和免费的CAD或CAM（计算机辅助制造）程序建模，在一个共享实验室里建立塑料和线路的原型，不用离开房子就销售了1 000个产品……这样的能力将（在更大的程度上）引发各类设备的爆炸式出现。而这些设备能把现实世界的数据贡献到我们对搜索引擎日渐增长的要求中。关于这个能力我们就说这么多吧。

无所不在的通信为“能力网络”加油

《连线》杂志前编辑及畅销书作家克里斯·安德森关于智能手机之战带来的和平红利说过一段很著名的话。他指出，智能手机的价格急剧下降是因为元件——包括GPS、射频模块、屏幕、内存、处理器的所有部件——得以大批量生产，供每年销售的数亿智能手机使用。这意味着其他使用这些元件的电子设备能从规模经济中受益，也因此明显地变得更便宜、更容易使用，也更普及。

但是，我认为智能手机的和平红利其实还有另一层意义。公司如今不仅可以使用批量生产的手机元件来制造别的东西，比如一个袖珍且廉价的相机——用来记录你一整天的生活，售价只有229美元（加上每个月9美元的注册费）的Narrative相机，而且智能手机越来越成为你的互联生活的枢纽。那么多设备能把关于这个世界的信息添加到网络上去的原因就在于它们都使用你的智能手机作为网关。摩绚智能手表如果不得不内置射频模块去和基站通信，就会更贵，寿命更短，体积也会更大。反之，由于它使用我的手机作为连接网络的桥梁，它所需要的只是一个简单、廉价、低功耗的蓝牙模块。

设备的数量，特别是可携带设备的数量，通常受限于它们与网络连接的主要手段。一般情况下，同时与我的手机通信的蓝牙设备数量不超过一个。Wi-Fi热点对那些没有屏幕的设备来说也不那么容易，但这可能只是一个暂时性问题。无线电频率是有限的资源，因为我们没法再造出更多的无线电波。话虽这么说，但无线电中的很多波段的利用率很低。绝大部分切换到数字电视的美国人不再使用之前有线电视的模拟信号。我们不必深入讨论其中牵涉的物理理论，只需要知道开放这一低频波段意味着设备能在低功耗（也就是电池更小）的情形下运行，并在一个广泛的领域中进行通信。在无线设备中，屏幕和射频是最耗电的两个元件。所以随着我们发明更好也更有效的无线电科技，设备就不再需要依赖手机来访问更大的智能互联网。

其他的无线电创新也不断涌现。微微蜂窝（一种使用和我们的设备同样频率的小型基站）被证明能非常有效地增加密集使用地区的网络容量。如果加以大规模地使用，微微蜂窝就能大幅降低小型设备上消耗的电力，因为此时我们设备内部的无线电可以和一个离得比较近的信号塔通信。

很快，设备就不再需要你的手机来和网络通信了。

还有所谓的桥接技术。几年前我做过一个项目，将一台电脑转变成一台转发机，使人们通过该电脑的互联网连接去浏览网络。这个方案类似于人们将计算机连到他们的手机上（并用手机网络上网）。它让一台宿主计算机使用最近才开放的无线电空闲波段（目前该波段在 700 兆赫），而其他的设备使用另一个频率上的低功耗无线电来和宿主计算机通信。

Commotion 公司的团队也正努力将一个类似的产品投入市

场。该产品将用到手机、电脑和其他无线设备来创建一个去中心化的网络。试验进一步测试了设备能否变得足够智能，在政府部门不使用的时候能分享超过700兆赫的联邦波段，而在政府需要的时候把优先级让予政府部门。其他一些组织，比如Serval Project正在探索使用无线电话的频率来创建迷你网络从而连接设备，甚至根本无须安装任何基础设施。归根到底，这些概念所依赖的是设备的协同工作，在各设备能访问的所有可用波段上，以优化的功率负载，平衡网络请求、音频通话、猫咪搞笑视频的负载。

无论我们如何在设备和它们自主的通信能力之间架起桥梁——我们会做到这一点，这都将引发小型智能设备呈现另一个量级式的涌现。而这些设备将能监控、跟踪，并最终给我们带来对这个世界前所未有的洞见。

用“能力网络”去理解物理世界

我们已经讨论过，搜索的结构是基于世界当时的样子而建立的。我们所知的搜索以“词语”为网络中心。现在是时候将我们的思想切换到世界网络上了。在这个过程中，我们看到如今搜索系统所拥有的原始数据已经可以开始理解这个世界。事实上，就在2013年，谷歌的研究人员惊奇地发现他们的机器学习系统发现了如何识别人脸，但研究人员并未明确告诉系统应该如何去做。换句话说，系统能够——以和我们人类非常相像的方式——建立思维模型来回答这样的问题:“什么是人脸?”

传统的模型要求计算机科学家将“特性”编程并输入系统,以此来帮助它将碰到的项目加以分类。简单说,一个特性就是一个对象的可测量的性质。一个苹果的特性可能是它的颜色的 RGB(三原色光模式)值或者它的茎的长度。在搜索过程中,我们通常将一系列特性加以综合来对我们发现的东西进行广义的分类。这就有点儿像是对系统说:“如果你看到一个椭圆形物体,有如下的尺寸,以及一些相对均匀分布的凹陷,中央有一个突起,而在该突起之下、整个椭圆 2/3 处有一个开口的话,那该物体可能是一张脸。”(这里的系统没有用文字描述,而是使用数学算法。)虽说这肯定是一个很有效的模型,但有一个不可避免的规模问题:我们可能有数万亿个物体需要分类!一位程序员或者信息科学家必须有意识地思考世上的每样东西,以及如何来描绘这些东西,然后他必须对模型编程——通常是计算机代码,才能让系统认出它所要找的物体。

而人类的学习方式与之相反。人类的学习是通过模式识别而自然形成。没人告诉婴儿上为上,下为下,碰到硬东西可能会受伤,软的东西可以倚靠。我们不必被告知,而通过观察、试错在我们的思想中形成诸如“脸部”和“枕头”等常见物体的模型,从而认知这些东西。但是,这么做有局限性。

对人类来说,有一种称为“非注意盲视”的现象。它训练着我们已经超载的大脑忽视那些与手头上正进行的工作没有直接关联的东西。若拿 10 000 张照片给我看,并让我找出背景中有一个圆形垃圾桶的照片，而且我只有很有限的时间去完成这个任务，那我很可能找不出几个。机器不会有“非注意盲视”的问题。对于机器来说，它可以分析每个像素点，汇总每份数据，参照每份资料。耗费的时间也可以被压缩，方法是将该任务分派到数千个乃至数百万个处理器中执行。机器具有不屈不挠、坚持不懈、沉默寡言的特性。

就算如此，2013 年年末，我们还是遇到了一个小小的意外：在识别图片中的物体方面，机器开始击败人类，而且机器并未受到应该如何完成这件事的训练。在这个例子中，要识别的物体是一台碎纸机，而背景是一幅图片。挑战在于——如我们之前的描述——开发者怎样向计算机描述（不管细节有多少）碎纸机长什么样。而且，即使能给出碎纸机正面视图的详细描述，一旦物体旋转了 45 度，还是会出现问题。

2013 年，机器教会自己如何识别现实世界中的物体。

事实上，虽然程序员确实向机器下达了找到图片中物体的任务，但系统是靠自己解决了这个问题。即使科学家没有很详细地描述碎纸机，但是系统最终还是推算出碎纸机应该长什么么样。而且系统比人类更快、更准确地完成了这个任务。按照去年刊登在科技新闻网站 The Register 上的一篇文章的说法：“这意味着对于某些事情来说，谷歌研究人员不再能确切地解释系统是如何学会识别特定物体的，因为看上去程序独立于它的创造者而进行了思考，而其复杂的认知过程也同样无法解释。这样的思考范围还非常狭窄，但是其效果是确定的，而且可以被独立验证。”

你评论道:“赞！机器能识别出碎纸机长啥样了！这就是你们说的进步？”确实如此，但只是其中的一半。或者你会说:“啥？你刚才说啥？机器会思考？我们之前是不是看过一部关于这个问题的电影，主演是加州前州长，可那部片子结局不太好啊。”计算机能学会识别碎纸机这个事实本身不会引发搜索的革命。但是，如果系统能将各个发现的孤岛连接成一块陆地，那么我们系统具有的能力——不只是看到它们所存在的这个世界，而且是能理解它——意味着它们将成为我们在这个共享的现实中有感知能力的伙伴，而不是机械的数据存取员。

将现实编织在一起

人们不会孤立地去看待或思考事情。我们在生活中看到一个物体，这一景象也许激发了一个想法，让我们联想到上次看到该物体的地方，然后想到当时和我们在一起的还有谁，想到此人现在还好吗，她所开创的公司如何了，该公司又属于什么行业……最后我们也许还会想到前几天看到的一篇新闻，谈及我们这位朋友的公司所在的行业，然后我们会想到也许应该给她打个电话让她知道这个消息。所有这些想法都由一个放在台面上的简单物体引发。同样，能够以清晰的细节理解现实世界的搜索系统也将从物体中获得关联和理解。一旦搜索最终理解

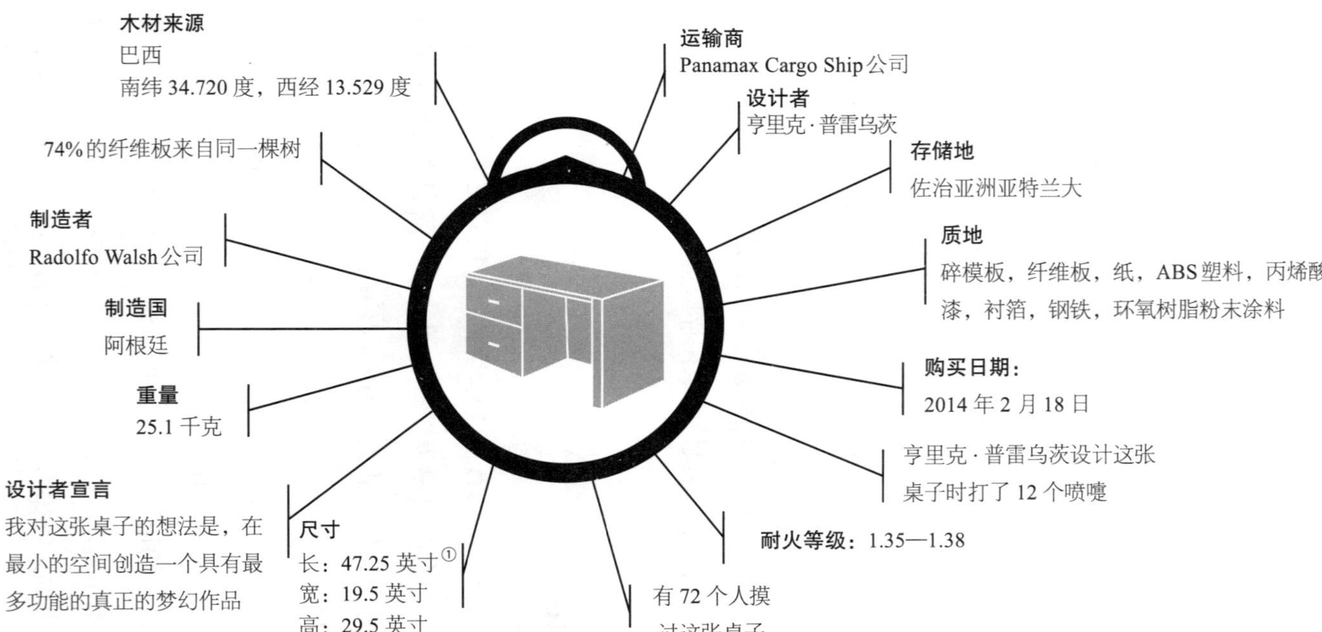

图 1–1　一个物体特性的图解

① 1 英寸 =2.54 厘米。——编者注

了星球上每个物体的每个属性（或特性），它就能建立连接。而基于它超高的速度和超广的范围，这些连接对我们人类而言甚至是未知的。

让我们想象一下，搜索系统中有一系列描绘非常精确的对象，而且不是一两个，而是几百万个。2014 年春天，必应在其知识库中有 330 亿个对象的描述，包括对差不多 200 万个酒瓶、80 万部电影和 12 亿人的描述。最有趣的是，这些不同集合的数据（酒瓶集合以及提供瓶装酒的餐厅的集合）有共同的属性，因此系统功能开始变得更加明显。系统不是简单地理解一个对象，而是用这一知识去理解呈指数级出现的其他对象。

在数学和计算机科学中，我们将这种事物间的连接称为“图”。图就是一种表示事物间如何互联的简单方法。因此，斯特凡的社交图显示了他认识谁、他住在哪里（将一个地点和斯特凡关联）、他喜欢什么（将现实中的物体或事件与斯特凡关联）等。其中的挑战在于将分离的图加以连接，包括社交图（比如脸谱网和领英中包含的信息）、地理空间图（比如地图和Zagat、Frommer’s、Yelp、TripAdvisor的本地数据）、行动图（比如所有应用商店里的应用以及它们帮助我们在现实世界里完成的工作）、事件图（比如Meetup、Evite、Craigslist、Ticketmaster等网站），诸如此类，不一而足。

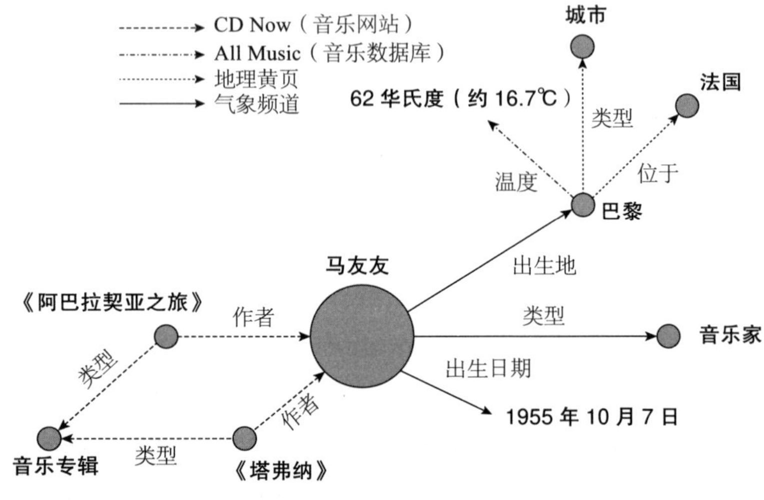

图 1–2　一系列“图”的图解

我们的任务是从这些图中找到共同之处，从而构造关于这个世界以及其中万事万物的完整场景。我们稍后再讨论这个问题。我们现在有能力在不同的图所提供的不同角度中看到某个事物，这个能力代表了一个深远的进步。记得在过去，那时的世界还只能用文字、视频或者图片来描述，如今每个人、每个物体都以数百种方式来描述：来自图片分享网站Flickr的云端照片，联网体重计，智能插座上的打印机消耗的电量……我们进入了一个任何东西都能以某种显性或者隐性的方式来表达自己的世界。一旦出现这样的情形，那么就会由机器来建立模型并开始重建现实，它们越来越有知觉，越来越能成为我们的智能助手，而不再是奴隶。

图片可以让我们以几乎无穷多的角度来理解每种事物。

我们再来看看碎纸机。系统知道它是碎纸机，而且它的一个特性是顶部的开槽大小。同时，系统为一只猫及其相关的数百个特性建立了模型。系统是如何做到这一点的？“猫”这个名词已经由数百万个网页加以描述。不论那是向猫宣誓效忠而写下的诗篇，一系列可爱的视频，关于猫患上癌症的医学杂志，美国爱猫者协会的猫种类页面，还是其他数以千万计的页面之一，猫的概念已经以数千种形式得到了良好的建模。当今的主流搜索引擎所使用的系统竭尽所能地重构所有这些关于猫的描述，使之成为一个一致的整体。打个比方说，现实世界中关于猫的信息已经铺天盖地了，它们的片段分散在整个网络中。如今，这些更加智能的机器的任务就是从数万亿的网页中搜集所有这些片段信息，编织出我们对猫的描述。

既然搜索引擎已经建立了“什么是猫”的知识，我们可以想象一下通过图来连接信息的威力。系统从我们的信息仓库关于碎纸机的描述中知道碎纸机的开口大小。系统基于其相关性，还知道一只猫身材的一般大小。然后因为有图的关联，系统就知道如果猫太大了，就无法放到碎纸机的开口中去——如果有人竟然要求它这么做的话。

也许你会不喜欢这个很古怪的例子，并且说：“你不应该将一只猫放进碎纸机，因为那样会把猫弄死的。你们是如何教育一台机器的？杀戮和当今确立的道德观相悖。”好消息是，随着系统越来越熟悉通过图得到的那些信息，系统知道一只猫放不进碎纸机开口的同一套算法可以用在我们的系统中建立道德观。一旦系统得知碎纸机是用锋利的刀片来完成工作，而刀片会切割肉体，肉体受到伤害会流血，而大量失血很可能夺取某个生物的生命，猫是活着的生命体，系统就很可能得到这样的结论（即使它同时认为猫可以被放进碎纸机）：它会知道，它不应该将猫放进碎纸机中，因为那样的行为将和一只猫的正常状态（也就是活着的状态）不匹配。

除了保护猫之外，网络信息的丰饶还有别的好处。在上例中，图得以连接，于是系统可以理解它们所处的物理世界。它们还可以学习语言（比如“jaguar”既是一种动物又是一种车）。它们能理解关联和因果（烤炉是热的，生的鸡肉因为有细菌所以食用很危险，细菌在超过一定温度的环境下不能生存，烤炉能将鸡肉加热到那个温度），理解与系统建模的事物关联的动作（你可以买票去看电影，你可以在Shiro’s餐厅吃寿司，你可以在Kindle阅读器上读书）。

当然，一定会有怀疑者。他们会指出，上述烤鸡肉的例子不过是一个逻辑三段论，而逻辑三段论可能对也可能错。毕竟，还有一种漂白的方式来杀菌。而如果我们用漂白的方式来处理鸡肉能达到第一个目标（杀死有害细菌），而且当时并没有其他的条件来阻止那个行动（比如人不能食用超过一定浓度的氯，否则会生病；生病的人要比健康的人更惨），那么结果会是灾难性的。

数据的大爆炸既是机遇也是挑战。历史上任何时候都没有像今天这样，有着如此多的关于现实世界的数据，但数据本身并不是答案，反而会让我们溺水而亡。为了在搜索上前进一大步，达到梦寐以求的通晓境地，我们必须重新思考那些可以用搜索来解决的问题。搜索不再只是进行简单的数据检索工作，而应该成为我们的“铰链”，为人和数字之间的合作提供帮助。搜索应该是一个伙伴，一位老师，一位监护人。当你需要一位合作者的时候它会出现，但它也应该默默给你助推力，让你做出更好的决定，促使你采取能获得更好结果的行动。

搜索应该激发我们的想象力，而不应该阻碍我们去实践。它应该具备生产力，能引发越来越巨大的思想潮流，帮助我们自己的思想突破极限，而不是加以限制。

搜索是关于我们能够做什么的判断——它允许机会、意外和偶然的错误——而不是对已经发生的事件的描述。我们在后续的章节中还会看到，搜索将通过让我们平等、给予我们力量、帮助消除内在偏见和无能来提升我们的人性。搜索有潜力成为现代社会中最有改革能力也最永久的礼物。

既然如此，这个世界看上去将会是怎样的呢?

第 2 章
搜索将如何应对？

SEARCH 

一旦搜索对这个世界有了更好的观察，它就有了所需的关键部件，在我们的日常生活中会变得更加有用。在前一章中我们已经看到，搜索已经有了对之前锁定在那些专属系统中的信息和过程的洞察力，这些系统可能是我们的大脑（比如谈及关系、态度、欲望等的时候）或者处在公司或学校的领地中。这些人类和社会的踪迹虽然每个看起来都很微小，但是一旦整合会非常强大。它们为搜索所揭示的新能力看上去不像我们过去 17 年间已经习惯的那种模型，反而更像《星际迷航》在 20 世纪 60 年代时展现在我们面前的计算机的模样。

在本章中，我们要讨论的是这一新型“能力网络”对搜索意味着什么，要让搜索去处理新网络又需要做什么，而最终应如何设计我们的搜索来给予我们力量。不过首先，我们需要了解一些目前的状态。

到目前为止，我们讨论了搜索的历史角色，以及早期的网络结构如何决定了搜索的发展。我们还看到搜索因系统获得的有限信息而受到制约。最后，我们还了解到新型能力网络的构成不只是文本和图片：它充斥着数万亿的数据和服务，而系统用这些数据和服务来“做事情”而不只是“找信息”。

这些对于搜索的未来意味着什么呢？不仅是对用户，而且对生产商、企业以及社会意味着什么呢？其中有一点是，它意味着我们必须修正自己对搜索本质以及它能为我们做什么的期望，我们应该期望更多才是。

用信息科学术语来讲，现在的搜索围绕着所谓“对已知项目的搜索”而进行。在这样的搜索中，你知道你要找的那个东西是存在的，而你要做的只不过是给引擎一些提示去让它帮你找到，但要是你都不知道你要搜索什么呢？要是你根本没在搜索又会怎样？

单是想想这样的困境就会使人崩溃。比如，你要查询“最适合我用的蓝牙耳机是哪个”。如今，你可能会访问某个搜索引擎，输入类似“最好用的蓝牙耳机”这样的查询，然后在数十个链接中浏览，点击每个链接去看相应的文章。你不仅需要判断每篇文章或者每个页面的权威性和真实度有多高，还要过滤掉上百个不相关的内容，比如你特别关心的是耳机的尺寸和电池寿命。这里没有所谓最好的蓝牙耳机等待搜索引擎找到，这里没有“已知项目”。让搜索引擎处理模糊搜索而不是一个非常确定的搜索（比如“赞比亚的人口是多少”）通常会让搜索者多次进行这样的步骤才能找到他要的方案。

这时就需要基于“能力网络”的下一代搜索。我们已经提到，搜索是一种“铰链”，连接着系统擅长的一面和人类天生擅长的一面。在讨论搜索能做什么之前，我想先为下一代的搜索体验列出一些它需要遵守的原则：

- 搜索会包含若干功能，它们协同工作以响应某个查询。
- 搜索所查询的不一定是词语，它将包括任何状态的改变。这种改变可能是在空白的搜索框中输入一些关键字，也可能是你在澳门而不是在位于艾奥瓦州的家中醒来。
- 搜索不需要听你说什么就能知道你是什么意思。
- 搜索将理解现实世界并在其中采取行动，而不只是观察。
- 无论何时何地，当你需要的时候，搜索就会出现，哪怕你并不知道你需要它。
- 搜索将为人类知识做出贡献，而不是简单地对其进行索引。
- 搜索会简化我们的生活，做我们不想做的任务，帮我们做出高质量的决定，并最终驱使我们不去做那些对我们无益的事。

没有万灵丹

那么搜索应该做什么？我对这个问题的建议是，我们不要认为这个问题有一个标准的答案。搜索作为一个逻辑构造，需要脱离我们已经习惯的那种“万灵丹”的做法，转而进入由一个无所不在的系统构建的王国，并根据不同的场景、环境和想要的结果进行不同的处理。未来学家雷·库兹韦尔[①]在 2014 年的 TED 演讲中帮助我们看到了未来，其中搜索就像人类大脑那样工作。多年以来，他一直用越来越复杂的脑部成像技术——比如核磁共振成像（MRI）和脑电图（EEG）——来为大脑建立模型。也就是说，我们现在能更深入地探视脑部的工作，而我们的目标是有一天能在计算系统中重现它的功能。库兹韦尔用我们怎样识别“APPLE”（苹果）这个词语的例子，来为大家讲解他目前对于大脑工作原理的理解。他认为，我们的大脑中有数亿个他称为“识别器”的部位：

- 一个识别器看到字母“A”中的横杠。
- 该事件发生后，大脑将信号传到上一层的识别器以确认这个字母是“A”。同样，对于字母“P”和“L”，利用它们各自的特点也进行着同样的进程。
- 这些信息再被传递，并与另一个更高层次的识别器结合，它们确定“APPL”非常像“APPLE”。

---

① 雷·库兹韦尔所著《机器之心》于 2016 年 4 月在中信出版社出版。——编者注

- 于是大脑的较高层呼叫大脑中可以识别“E”的那部分，并向它发出询问：视觉系统是不是看到在字符串最后有一个“E”。
- 如果这些低层次的识别器说，“是的，很像一个‘E’”，那么大脑就会认为这个词语是“APPLE”。

当然了，所有这一切都发生在纳秒（1 纳秒为 10^{-9} 秒）之间。对于大脑系统复杂的相互作用，每个元素都有独立的功能，并服从更高层次、管理我们意识的功能的指令，这向我们展示了搜索将会有怎样的潜力。

如果我们以这种方式——具有不同层次能力的系统的集合——来想象搜索，我们就能预测什么是可能的。这将是社会的大变革。如今正使用着搜索的芸芸众生将不得不重新训练自己，以不同的方式思考搜索的体验和潜力。我们开始推出必应的时候问用户：“你对搜索引擎的选择有多在意？”答案让我们很吃惊。人们对选择何种搜索引擎的在意度和他们决定晚上刷牙或者开会时翘腿是一样的，也就是说没什么可在意的。虽然这个问题是有关品牌偏好的，但其后果很明显：人们受到训练以某种特定方式搜索，并希望得到特定的结果。用户并不会向搜索引擎这样提问：“我想知道有没有比半人马座阿尔法星离我们更近的恒星？”这是因为基于过往的经验，搜索引擎做不到这一点。所以，即使网络已经越来越有能力，搜索迅速变得越来越厉害，我们也还没有这样去看待它们。再考虑到人们在决定如何进行搜索时并不需要具有较高的认知能力，我们认为这些情况在不远的将来应该不会有什么改变。

另一种方法——看起来是比较现实的方法——是要求这些系统的制造者在设置这些系统时，让它们的行为更接近人类大脑，并将独立的体验和能力置入我们已经开始使用的东西中。与其要求数十亿人思考如何用与现在不一样的方式使用搜索，还不如让大家根本不用搜索会更好……

由此及彼

我们怎样才能造出更接近人类大脑工作方式的搜索系统呢？至少在短期内，我们还需要一个刺激来让引擎启动并做事。现在，这样的刺激就是搜索查询。为了离我们的期望更近，我们要建造的系统应该允许用户在搜索引擎中输入任何东西（讲话、文字、手势、图片、视频等），而且系统基于“此人想做什么”、“他是谁”以及“他所用的设备”等信息，应该返回最有逻辑也最有帮助的回应。

这种类型的搜索将任意数量的刺激作为查询，这是我们如今就能做到的，但是我们得到的回应却不总是那么准确。这是因为我们的系统和围绕在它们周围的所有数据的连接还没有全部建立起来，而我们建立的处理数据的模型也不够先进，不能精确地预测出所有结果。我们回忆一下前一章：我们现在所拥有的系统中已经有了现实世界的大量信息，我们不妨称之为“实体知识”。

除了要理解实体，系统还能理解这些实体间的关系。比如，系统知道某个影院在放某部电影，影院有排片表，观影者需要买票去看电影。这就要将实体和关于这些实体的信息组合起来，形成一种比较类似于知识的东西。

至少在短期内，未来搜索的最后一步将是行动。既然系统对现实世界有了理解，它们开始理解可以有怎样的行动。不远的将来当进行搜索时，所有这些信息——对世上所有一切的理解，所有这些事物间的联系，怎样和人、地点或者事物进行交互——将协同工作。

比如这周末我愿意成为拼字比赛的志愿者，那么搜索将：

- 知道我的位置（从我的社交图中得到——因为我最近在一家餐厅签到——或者用我的手机内置的GPS）。
- 将我的位置和一个发生在特定地点（通过地理空间图——它将位置的名字和GPS坐标关联）的事件关联（通过事件图——它将会和物理位置关联）。
- 使我通过Meetup的注册服务成为一名志愿者（通过动作图）。

如前所述，将图进行连接的能力是关键。以后，搜索会更少地在获取已知项目的模型中进行匹配，而更多地在搜索引擎获取的信号和知识中加以组合，从而帮助人们（有意或无意地）探索，并实现更大的成就。虽然以往的搜索是一种请求与网络上存在的资源（通常是一个页面、一幅图片或一段视频）的匹配，并根据（引擎认为的）和搜索查询的匹配度分配权重的过程，但在新模型下，你要将这些网络资源整合并动态地编织成网格以响应一个刺激。换句话说，新的搜索不是简单地获取信息，而是构造一个信息和行动的特定串联，而这样的串联在网络的任何地方可能都是不存在的，比如网络上不会有一个页面叫作“斯特凡志愿为拼字比赛服务”。网络上有的是页面和资源，一旦加以串联后可以实现这个任务，但要做到这一点，需要做的就不是获取一个页面那么简单了。

下一代搜索查询

我们说过，没有刺激，搜索将一事无成。但是，我们所认为的刺激也要改变。以前，刺激是你输入搜索框的一个查询。而现在，刺激可以是，你离开了家，周二一大早醒来在香港，或者在梅西百货花了 100 美元。哪怕在今天，在类似 Google Now（谷歌即时资讯）和微软小娜的系统中，所谓的刺激也不再只是一个关键词，而是状态的变化。

一旦系统可以在你没有明确地采取行动时就代你采取行动，那将会如何？举个例子来说，如果酒吧太嘈杂，那么系统可能提醒你换到隔壁的那家酒吧。系统还知道你和你在 Tinder（手机交友应用）上认识的姑娘今天第一次约会（所以需要一个安静一点儿的环境），而隔壁酒吧里的设备报告说那里安静多了。

要让真正的魔法发生，系统还必须能接受刺激，而采取的行动必须和用户最终的目的保持一致。所以新的搜索不再是给出你明确想要的东西（“我想找有趣的猫的图片”），而更多的是给予系统一个目标（“我想找点儿乐子”），并让系统在综合考虑你的个人爱好、你的设备、基于你现在有多少时间而可能采取怎样的行动、你的位置、目前情形下你可能有怎样的专注度等因素后给出最合理的答案。

更好的听众：从妄语中发现真知

语音识别已经非常棒了，一部分是因为算法的质量越来越高，一部分则是因为有了深度神经网络。所谓深度神经网络（我们不用谈及太多的细节）是指，它试图以人类大脑处理数据的方式建立模型，使得系统更灵活也更少地基于规则。再考虑到如你的智能手机那样的设备基本上是永久连接的，这就意味着识别工作可以不在你的手机上进行（只有 1—2 个处理器），而是在大量服务器集群中进行，并将分析任务分布在数百个处理器上。这么一来，将声波转化为文本的速度和质量都将大大提升。

一旦我们将声波转换为文字，真正的挑战就来了：试着理解你刚刚说出来的这一大堆词语到底是什么意思。现在的很多系统都是基于规则的，因此它们将利用规则来对词语（以及词组）进行概念映射。我们已经在这个方法上取得了很大的成就。在必应，我们有着类似实体知识库的系统。如果某人说的是“休斯敦火箭”，我们就在实体知识库中查找，发现此人说的应该是体育类的东西——确切地说，是美国的一支篮球队（在此我们感谢图链接）。而系统实际上看到的是“休斯敦”和“火箭”这两个词语，它知道如果这两个词语放在一起出现的时候，说话者可能是在讨论那支篮球队。这么处理名词效果很好，但是处理动词就会略麻烦一些。从技术上说，系统还是能识别动词的，但问题在于有了动词又要怎么做呢？能翻译“买票”这段声音并不意味着搜索对如何完成这个要求有任何概念。

还有一个挑战在于自然语言会有含糊性，而且通常很随意。它不能轻易地转变成符号化的计算机代码——在代码中一个变量有什么含义是没有任何混淆意义的。在符号语言中，“高度”就是高度，而不能同时还是“高的”“瘦长的”，或者“矮胖的”。正是由于自然语言的含糊性，系统如果采用基于规则的方法，就很容易误解输入的内容。换句话说，如果我们依赖类似于实体知识库那样的系统去查找词语，我们就有可能误解请求。更何况，虽然肯定有很多场景可以被编程而成为规则，但处理一个请求时的挑战在于我们没有对应的规则。如今系统的表现很糟。像苹果公司智能语音助手Siri或者Google Now这样的服务在无法确定请求的意义时，就会直接将它扔给网络搜索去处理。

聚焦：PARLANCE

欧盟赞助的一个称为PARLANCE（概率性实时自适应学习和自然对话引擎）的项目有了一些令人兴奋的成

果。它的研发目标是一个以有机的方式去学习这个世界，而不是采用基于规则手段的搜索系统。从根本上说，这个系统就像一个小孩子。它诞生的时候只有很少的一些框架。随着与用户的交互，它能做对事情也能把事情搞砸。它基于和人类的互动而自我修正，不断加入它对这个现实世界的理解。换句话说，系统不会依靠一本静态地描述这个世界的词典，相反地，它根据犯下的错误或者取得的成功来修正或者确认它对这个世界的认知。

这个开发项目最令人兴奋的是，它将使得搜索更人性化，而这将有着深刻的影响。如今，基于规则的系统需要处理一个词语所有可能的同义词。比如，有一些系统会这么做：将处于一个电影应用中的动词“观看”映射到“开始、看见、播放、显示、停止”等词语上。

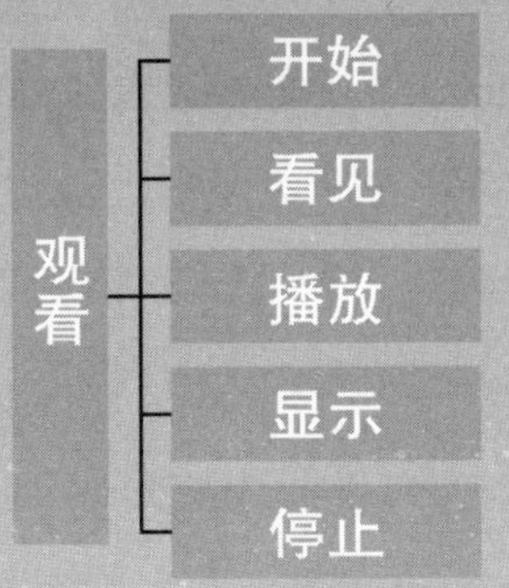

图 2–1　系统中“观看”的同义词

这一做法存在的问题很明显。首先，要是我想看电影的时候常用的词语是“浏览”而它却不在已知列表中，系统就失效了。另外，我甚至永远不会用“停止”这样的词语来播放电影，所以系统为什么要有那个词语作为选项之一呢？这么做的后果就是，系统为了每个查询可能需要查找的词语数量越来越多，而由于可能被选中的术语数量多了，也就更可能猜错。而像PARLANCE这样的系统，搜索可以完全和用户适配。一旦系统学到了我使用的那个特定的词语，我的要求就会进入我自己的词典，而不是那本一成不变的通用词典。于是它猜中我要求的概率也大大提升了。

更认真地听

就算有了如PARLANCE所展示出来的那样的智慧（见上文），所有进行聆听的系统还是会失败，而且败得彻底。考虑一下人际交互的过程。你在进行对话时，不可避免地会说重复的话语去设定环境，消除歧义，而且需要双方真正的投入。因此当你走进一个酒吧并高叫“起落架”时，各位老主顾开始问一些细碎的问题也是正常的（也可能会认为你是不是喝多了）。“你说起落架是什么意思？是说飞机上的起落架吗？”“你是说一种饮料？”“你要找的酒吧叫起落架？”诸如此类。一旦我们达成共识（假定本例中说的起落架是一种鸡尾酒），还会有更多的问题。

“你想让酒保给你调一杯吗？”“你是问起落架的做法？”“你是想知道这个酒的口味如何？”你应该能理解这个情景了。在人类对话中，我们不断通过细化来达到互相理解。

想象一下这样的场景：我走进一家酒吧并高叫“起落架”的时候，人们开始不断地给出响应。某个人可能向我引用维基百科上的解释，另一个可能开始辩论说起落架是在降落的时候放下的，还有一个人可能会向我展示一段飞机降落的视频。如果这样的话就太混乱了。而这正是当今搜索所做的。在一个现代的搜索引擎中输入一个搜索查询——特别是用到的词语有歧义时——得到的答案将具有杰克逊·波洛克[①]风格。系统把关于你输入的词语的一切都摆在你面前：图片、新闻、视频、地图、购物场所等。要是这些结果中没有一个是你要找的，你就不得不回头重新查询。

搜索中的对话式理解试图缩小系统对你的查询的第一反应和你实际上在询问的内容之间的差距（因为你的第一个查询可能没有足够的信息让系统给出合适的回复）。就拿微软小娜来说，你可以用自然语言向它提问，比如“我要在我家附近找好吃的墨西哥食物”。此时系统会跳出一个对话框。然后你可以接着提问：“这些餐厅哪些是素食的？”然后再问：“好吧，哪些餐厅接受订座？”并在最后提问：“好的，哪家离我最近，我可以走过去？”在每个阶段，系统能理解你引用的是上一次的交互，在从一个阶

---

① 杰克逊·波洛克，美国画家，抽象表现主义绘画大师。——编者注

段到下一个阶段的转换中，系统不会丢失上下文，而会努力去理解你想要的是什么。

要想让搜索做得更多，关键就是对话式理解，特别是在设备没有很大的显示屏和键盘的时候——想象一下在谷歌眼镜上进行关键词搜索或者在只有一行显示的腕带上进行翻页，就能理解它了。未来的搜索在很大程度上不需要手动操作（或者至少其所需的关注度非常小），但还是能够完成众多任务。如今，我们不得不做出太多的让步来进行非电脑设备上的搜索，而且我们肯定不会在输入法低效的小屏幕上进行长时间的研究工作。让系统和你交谈，主动给你提醒，并能自然地给出回应是整个过程中最关键的一步。如今的Google Now和微软小娜中已经有了这样一些系统智能方面的突破。而随着有更多的人与之交互，系统开始吸收越来越多的数据，它们的对话和预测能力将不断增强。但是，如果我们还用着穴居人式的对话框，而系统总是忘记我们在说什么——虽然也许这才是人类的真实样子（至少我女朋友是这么告诉我的）——所有这些将使搜索的新能力无法得以充分利用。

对话式理解将我们的搜索系统变成参与者而不是仆人。

更智能地聆听

我们通过不同的设备与搜索引擎进行交流的能力每天都在增强。虽然在以前我们只能用鼠标和键盘，但如今的设备能让我们以更自然的方式与各个系统接触。我们要感谢那些聪明的软硬件设计人员，使得设备能一直在听、一直在看，而且快速地变得智能起来，并意识到你是在和它们——而不是和太太——说话或交互。

- Moto X 是摩托罗拉公司生产的一款安卓智能手机。它就是一种可进行主动关注的设备。手机一直在聆听所谓的启动语句“好的，Google Now”，并自动切入搜索模式。在以往，如果设备一直在监听的话，电池消耗会很大，但摩托罗拉的工程师们研究出了一种新型硅材料，使得手机可以进行长时间活动而不会到了下午 3 点就没电了。
- 手势也成为一种原生输入手段。Xbox One 这款游戏机不需要你操作遥控器就能打开并浏览数百万个节目，还允许你通过 Kinect 附件用肢体语言来和系统交互。人们经常会把《少数派报告》这部电影作为控制计算界面的一个模型：就像汤姆·克鲁斯做的那样，他们将自己包围在虚拟接口中，除了手之外用不到别的东西。我们当然还没到达那个境界（而且对我们是否愿意到达那个境界还有质疑），但已经看到了那种可能性。
- 最后，更好的麦克风和相机以及数字信号处理的进步，能让足够智能的设备理解你是在和它而不是和别人交流。Ivee 硬件助手是智能家居中的一个语音控制

> 中心。它会一直聆听，在房间里的任意位置说出它的名字后就能激活它。微软研究院里有个机器人能引领访客去往他们要见的人的办公室，但是只有机器人从访客的手势和眼神中明确访客是在和它说话时才会这么做。机器人不会骚扰只是路过的人。

但底线在哪里？我们的新型搜索系统将不得不“聆听”各种类型的输入，而不只是文本和语音，并将这些输入加以综合，从而理解自然的人类交互。

理解现实世界

在之前的章节中，我们讨论了这个世界如何充斥着传感器和数据。这些传感器和数据向机器提供了对它们所在的这个世界的更好理解。我们也知道，在通往智能的道路上，数据只是第一步。要让系统发挥所有的潜力，它们必须扎根于现实世界，遵守物理世界的规则。机器能计算出某个地点精确的日出和日落时间，但是将这个计算变成一个行动（比如打开女儿卧室里的灯，这样她在天黑后上楼进房间时不会感到害怕）或者一个建议（比如告诉你现在出门才能捕捉到日落时天空中那转瞬即逝的绿光），这才是真正的潜力所在。信息转变为智慧和行动，这为把我们的系统变成盟友铺设了道路。要实现这一点，我们需要的不仅仅是精确的时间，更需要知道这些时间对我们来说意味着什么。

帮助搜索引擎去理解人们

用户在使用搜索的时候，最大的挑战之一是以某种方式组建查询，并告诉系统用户想要找什么。如果搜索系统拥有关于这个世界的知识，它就能帮助我们更有效地提出问题。

想象一件你之前从未做过的事情。通常你会找个专家或者至少在那个领域有经验的人，这样你能学到该问什么问题，也就能全面地探索这个主题。要让搜索更有效地做出反应，你必须给它很多关于你要找的内容的提示。如果你缺乏精确描述你的任务的词汇，那就不好办了。比如你准备买一个新相机，除非你已经进行了研究，否则就不会知道相机的哪些特性是重要的。像素数、传感器的大小、光学变焦、重量、充电线种类等都对做出正确的选择至关重要，但要是你之前从未想过要买相机，你就不会知道哪些因素是关键的而哪些是无所谓的。你在搜索的时候可能会输入这么一个词组“最好的数码相机”，然后被带到很多刊载着评论的页面。渐渐地，你会了解到专家如何评判相机好坏。你可能发现，最重要的是像素数和传感器的大小。现在你再搜索，就能得到更好的回复了。

查询的构成是我们目前的搜索系统面临的最大挑战之一。你可能输入一个查询但得不到想要的结果，然后在结果页面中浏览找到其他词语，而这些词语可能会有助于从索引中获取正确的资源。主流搜索系统仍然会有25%或更多的查询结果对用户而言是失败的。它通过测定用户点击一个链接后隔了多久按下“返回”按钮回到搜索结果页面来判断这一点。换句话说，人们每进行4次搜索中就有1次查询找到想要的信息，于是按下“返回”按钮试着使用一个不同的词语组合。

主流搜索系统仍然会有25%或更多的查询结果对用户而言是失败的。

如果系统能更好地理解现实世界，那对于标准的查询来说就能有更多基于上下文的、有用的建议。和当今搜索的“先寻找然后挑选”的模式不同，不久的将来，接口会更加智能地理解你想要说什么，而此时你甚至还未按下“回车”。想象一下，你输入“相机”，引擎已经在后台启动，准备显示当挑选相机时你可能在乎的那些特性，比如它会提示你缩小要寻找的相机的范围：是单反相机还是傻瓜相机？并且还有一些帮助性文字来解释其中的差别。

在最简单的方式下，搜索只是从它的知识索引中进行读取。它会知道相机有很多特性，并从和用户的交互中知道这些特性中有哪些可能是最重要的。随着系统不断地理解这个世界，搜索引擎可以提出问题来帮助我们进行查询，比如“你在光照环境不理想时还会拍很多照片吗”。还是那句话，如果你对相机不熟悉或者之前从未用过相机，你可能甚至还没有考虑过低光拍摄——哪怕对于做出正确决定来说，知道这一点也是非常重要的。

设备驱动了对理解的需求

系统就你可能需要知道的内容给出建议并向你提问的能力越来越重要，因为这个世界越来越移动化了，也越来越靠近下一代搜索。搜索之所以没有从其原始的状态进步太多，部分原因在于我们已满足于先进的交互设备（比如键盘和大屏幕）。如果你能用键盘快速地输入一个词组并按下“回车”，在不到一秒钟的时间内得到结果，那么搜索的草率和粗陋带来的损失也会很小。你只要简单地按下“返回”再重新输入一个不同的词语就行了。

但是在手机设备以及没有屏幕或者只有触摸屏的设备上，这样的损失突然变大了。在移动设备的键盘上打出一个长长的查询，按下“搜索”，等待 2—3 秒钟然后得到结果——这么做大大增加了用户为了完成最简单的任务而必须花在搜索上的时间。当用户输入的时候，增强搜索查询的能力（不管该设备以何种方式做到这一点）有助于让这些设备上的搜索变得更有用，而这些设备不久就会成为主流。当然，在设计用户体验的时候还有很困难的问题和重要的考虑。用户最不想要的是“曲别针助手”——现在已被废弃的微软办公室套件助手，它在你和搜索交互的时候只会问你是不是要找一辆公交车。这世上最有用的搜索系统必须能成功地将对现实世界的理解和不同搜索模型加以整合，帮助我们最大程度地利用这一不断变化的网络和它所需要的搜索。

如今，我们用搜索来赢得酒吧里的赌局（比如《闪电舞》何时上映），但明日的搜索会帮助我们接触到近乎无尽的网络知识，补充我们对这个世界的理解——不仅关乎如何找到答案，更关乎思考问题。一旦搜索不再仅是发现，甚至也不只是行动，而更多的是增加我们对这个世界的有限的个人知识，我们就有了一种新的超级力量。

构建一张世界知识地图

“WolframAlpha”是一个由沃尔夫勒姆研究公司开发出的计算机知识引擎，几年前面世。它的目标是让人们以自然的语言提问，并且基于它从网络搜集并汇总的数据给出答案。如果你向它提问：“大热浪来袭时，底特律有多热？”“和住在萨克拉门托相比，住在波士顿的生活费用是多少？”“每年因车祸丧生的人数是多少？”“‘旅行者’卫星从发射到坠毁持续了多长时间？”引擎都能给出精彩的答案，而且它不光针对该问题做出回答，还能从其他关联图的补充信息中强调相关的内容。比如那个关于“旅行者”卫星的问题，你会注意到它“知道”那个事件的时间段（见图 2–2）。

类似WolframAlpha这样的系统在搜集并汇总现实世界的数据方面做出了大量工作，但正如前文所说，搜索真正令人激动的能力在于能做比找东西更多的事：它能在现实世界中把事情做好。为了向这个目标前进，沃尔夫勒姆研究公司在 2014 年 3 月启动了两个更加有野心的项目：沃尔夫勒姆语言和沃尔夫勒姆互联设备。对这些项目的完整讨论已经超出本书的范围，但是基于

WolframAlpha 计算机知识引擎

输入你想计算或者了解的内容:

"旅行者"发射日期至"旅行者"坠毁日期

≡ 示例　随机

假定"旅行者"是宇宙飞船 | 换用"发明"或"火箭"

输入解释:

旅行者 1 号　发射日期　至　旅行者 1 号　坠毁日期

结果:　显示细节

3 个月

时间段:　显示细节

十三周零一天

92 天

65 个工作日

0.25 年

距离 2014 年 7 月 21 日的时间:

自 1957 年 10 月 4 日起 56 年 9 个月 17 天

自 1958 年 1 月 4 日起 56 年 6 个月 17 天

1957 年 10 月 4 日至 1958 年 1 月 4 日间值得注意的时间:　更多

1957 年 10 月 4 日:"旅行者 1 号"发射

1957 年 11 月 1 日:麦基诺大桥通车

1957 年 11 月 14 日:在举行阿巴拉契亚会议时逮捕了不少黑帮头目

1958 年 1 月 1 日:欧洲经济共同体成立

1958 年 1 月 4 日:"旅行者 1 号"重新进入大气层

图 2–2　WolframAlpha 引擎对"旅行者"卫星的描述

如下几个原因,它们确实很重要。

首先,沃尔夫勒姆系统为人们提供了用其建立的计算模型来写程序的能力。现在我们可以在 WolframAlpha 引擎上问数百万个问题,而且开发人员可以写出一个程序并利用这一海量的数据仓库来强化他的应用。我承认要掌握这些不容易,但是沃尔夫勒姆语言提供的 4 000 多个函数可以让你做这样的事情：各个城市中的传感器搜集天气的历史数据，将这些数据与一个篮球队的失误次数（以及其他数百个变量）结合，根据这些数据你可以开发出一个炫酷的杀手级别的体育应用。我们之前谈到过类似的可能结果："嘈杂"的设备和服务（包括气象站、统计追踪服务等）向网络贡献着海量的、各自独立的数据。而沃尔夫勒姆系统允许任何人将这些数据碎片编织起来，从噪声中发现知识。

其次，沃尔夫勒姆系统不只是一个巨大的信息仓库。这个系统最迷人的部分是它有着在数据上附加知识的内在能力。这样我们不仅能快速地从索引中获取信息，而且可以利用系统的能力归纳总结，否则那将只是单纯的一堆数据而已。比如用沃尔夫勒姆系统查询"法律文书纸和账簿纸"时，可以得到不同来源并经筛选后的关于这两种纸张尺寸的大量信息。而且系统还显示了在其他描述中不一定存在的、经过计算（或者合成的）的特性。比如沃尔夫勒姆系统告诉我们一张法律文书纸，在每英寸 300 像素点的密度下可以保存 1 071 万个信息点（大概 32.1 兆字节的数据）。

这些事情为什么这么有趣？之前我提到一个例子，我想在拼字比赛上当志愿者，并注意到没有"斯特凡志愿为拼字比赛服务"这样的网页。为了解决这个查询，搜索必须将一系列独一无二的数据和服务综合在一起。我们上面举的有关纸张对比的例子有着同样深刻的含义。整合数万亿的数据并以另外一个角度去分析这个整合的能力，意味着系统能自然而然地做我们想做的事情，也就是整合我们所知的、在不同领域里的知识，创建一个全

输入解释

法律文书纸（纸张格式）　　账簿纸（纸张格式）

基本特性：　　显示英制单位　　更多信息

	法律文书纸	账簿纸
宽	21.59 厘米	21.59 厘米
高	35.56 厘米	27.94 厘米
对角线	41.6 厘米	51.4 厘米
长宽比	17∶28（1∶1.65）	11∶17（1∶1.55）
像素数（每英寸 72 点）	0.616 9 百万像素	0.484 7 百万像素
像素数（每英寸 300 点）	10.71 百万像素	8.415 百万像素
存储量（每英寸 72 点）	1.85 兆字节（24 位）	1.45 兆字节（24 位）
存储量（每英寸 300 点）	32.1 兆字节（24 位）	25.2 兆字节（24 位）

图 2–3　搜索“法律文书纸与账簿纸”得到的信息

新的、有用的知识。比如我知道随着海拔的升高，我会承受更多的辐射。我也知道飞机在低空飞行，带我穿越世界。想要了解我从纽约飞往西雅图的时候承受了多少辐射显然是一个合情合理的问题。对系统而言这样的推理能力是理解世界并与之交互的核心，这一能力使得搜索成为我们已知的以及我们想知道的内容之间的桥梁。

谷歌和必应都在建造这样的系统，其目标是在各自的系统中

“重建”整个世界。必应的实体知识库存储了数十亿个现实世界物体的描述以及它们之间的关联。这个数字以每个月数百万的量级在增加。谷歌的知识图谱也在做相似的事情。让搜索系统理解这个现实世界而不仅仅是提供网络上的那些页面，将让我们有机会使搜索变得更加功能化，而不只是信息化。

第 3 章 搜索将做什么?

SEARCH 

一旦搜索能够存取并更好地理解它所处的世界，结果将不再只是对网络上保存的信息进行更广泛的存取。我们已经看到，“能力网络”不是一个我们从中取出东西的静态仓库，而是真实世界中数万亿计的微小特性熬成的一锅浓汤。这些特性中，有些存在于传统的网页中，也是我们习惯于从互联网上获取的。有些比较潜在也比较临时（比如“点赞”和位置数据），还有一些特性使得系统能操控真实的世界。一旦我们开始接触到网络的这个新形态，想到搜索既能存取，又有能力参与创造世界（而不只是从中获取），我们对搜索在未来到底能做什么就有了一个初步的印象。

搜索将具有洞见并给出预测

下一代搜索的出现部分取决于系统不仅有能力对现实世界进行计算，而且能将这些计算结果加以应用并预测接下来可能会发生什么。这可能是告诉你什么时候离开家才能避免当晚镇上举办棒球比赛带来的交通拥堵，或者提醒你去看一个新闻报道，因为那可能影响你的财务规划。

关于大数据的威力以及它为个人和商业决策提供信息的能力，已经有很多文章进行了阐述。简单地说，那就是大数据从系统对世界的理解中得出洞见的能力。很多人应该听过这个故事。几年前，塔吉特公司利用一位客户的购买记录判断出她可能怀孕了，于是用文件中记录的邮件地址发送直邮广告，推荐婴儿用品购物清单。结果出了问题。父亲打开邮件后，对塔吉特公司发出这样的游说信息十分愤怒，因为家里根本没有人怀孕。那又是怎么回事呢？原来是他十几岁的女儿怀孕了。塔吉特公司找出相关模式——某人在某一段时间内购买了特定的某些产品，那她可能怀孕了——的能力让我们对数据的力量感到既兴奋又不安。在本例中，塔吉特公司的系统非常有洞见，又能做出令人惊奇的推断。它利用和积分卡绑定的消费数据得到一个洞见（某人怀孕了）并推断出未来的行动（她很快就要买纸尿裤）。

如果我们开始将看似毫无关联的数据加以整合，创建一个发现洞见的体验而不只是寻求答案，那么还有怎样的可能性？埃里克·霍维茨拥有计算机科学硕士和博士学位，之前曾担任美国人工智能协会（AAAI）的总裁。他做了一个非常有趣的研究。他假定搜索并不擅长处理某种对时间敏感的查询类型。比如你也许需要知道如何止住大量失血，孩子噎着了怎么办，如何照顾一个癫痫病人，或者如何进行一次心肺复苏术。这些查询对时间的敏感性确实非常显而易见。“心脏病发作”或者“噎着了”都很容易加以分类，而搜索的美妙之处和面临的挑战就在于人们可以输入任何东西进行查询。那么，对那些不是显而易见的查询我们怎么来分类呢？在这项研究中，霍维茨分析了查询日志并标出了查询链（简单说就是在一段时间内若干连续的查询），而且该链中的最后一个查询类似一个医院的地址。他还查看了手机查询链，将那些 GPS 定位停留在医院或者用户拨打了 911 电话的集合分离出来。将各自独立的图（位置、电话、查询）结合在一起后，他就能训练系统更好地掌控需要紧急响应的场景。然后，他让团队根据查询的紧急程度建立恰当的响应。比如一旦搜索探测到一个查询可能需要心肺复苏术来解决，系统就不会显示 YouTube 上的视频——因为那个视频是一个由镇上的消防队队长所做的、长约两分钟的关于心肺复苏术的介绍（虽然它还是一个很不错的视频）。而对于手机上进行的搜索，一旦系统探测到某个模式的查询，它会自动开始规划前往医院的最近路线或者在后台拨打 911 电话。

在另外一个例子中，来自推特网的时间线能让霍维茨的团队推测哪位妇女可能患上了产后抑郁症。他们根据公开的推特网信息，利用一个分类器（这是对那些组织数据并在其中找到模式的系统的优雅说法）找出刚当上母亲的人的账号。团队将识别并确认一位特定用户刚生了一个孩子，方法是监视类似这样的语句："蒂莫西·亚历克斯·史密斯，约6.5斤。"然后跟踪这位用户生产后在推特网上发送的消息。研究人员选取了数百名新妈妈，根据她们孩子的出生日期加以排序，并在其中寻找情绪严重变化的迹象。在研究组中，他们注意到有15%的新妈妈出现了显著的变化。这个比例和新妈妈出现产后抑郁的比例是一致的。要是这还不够神奇的话，他们接下来问自己这样的问题：我们能不能从孩子出生日期倒回去三个月，试图找出这些妇女中哪些可能会患产后抑郁症，然后建立一个模型来识别这些高风险妇女，从而让她们在产前就得到辅导和帮助呢？你猜猜这个问题的答案？答案是，他们做到了。

有人会说，所有这些想法还没有传达我对搜索系统所做的预测中提到的那种感知。如果人类行为和健康是这一公式中的一部分，那么就要考虑自然和环境的问题以及这些因素如何影响结果。换句话说，你的某个遗传基因可能决定了你先天容易患上阿尔茨海默病，但这不是说你一定会得这个病。在你的生活环境中有成百个因素会降低或者增大患病的风险。显然，我们没法跟踪所有这些因素。就算我们能这么做，我们所建立起来的模型数量（同时考虑到它们可能会预测出矛盾的结果）也会非常有限。

当然你可以说，错误推断产后抑郁症的风险——因为我们用的数据远谈不上完整，所以判断错了——超过了潜在的好处。是这样吗？我们在上一章提过，关于这个世界可被搜集和可采取行动的数据量正在大幅度增长。确实，基于基因来预测疾病的模型可能出错，因为我们没法搜集影响某一个人的所有环境因素，但如果我们做到了会怎样？突然之间，不只是你的基因告诉我们你很容易患上阿尔茨海默病，而且当你住在炼铝厂附近并吃了太多含汞量高的鱼时也会增加你患病的可能。我们在之前的章节中讨论过，各种环境和个人的因素如今已经可知、可测、可记录，能让我们做出更好的判断：会发生什么？发生在谁身上？什么时候发生？更令人兴奋的是，人们可以利用这一信息使坏事（好事）发生的可能性变小（变大）。我们要怎样让人们拥有这样的搜索能力呢？我们会在第 8 章详细讨论这一点。

挑战：好奇心带来的洞见

要为智能系统建立对世界的理解，其中的一个挑战是工程师需要知道到底要在系统中建立什么。系统能为了好奇而好奇吗？我们还没到这个水平，系统还需要被告知去找什么。人类构造的搜索类型来自“如果A，那么B”这样的假设。换句话说，现在的系统还不会自发地检查太阳耀斑的数据来判断手机通信是否受到影响。当然，我们只要理解了太阳活动和手机通信之间的关联，就可以命令计算机分析已有的数据，但是必须先有这个假设，才能编程证明这样的洞见。我们在第 1 章中已经粗略地提到，谷歌的一个系统已经开始扩展并超越了程序的边界，但即使是这个系统也只是渐进式的。

要解决机器天生没有好奇心的方法之一是不要再问“为什

么”。作为人类，我们需要了解的不仅是发生了什么，还要了解这件事背后的推动力是什么。知道某人去世了不够，我们还想了解他为什么去世。这也是就算没有任何机会让死者复生，我们也要做尸检的原因——当然，费用可以由保险公司支付。

霍维茨博士向我演示了这一初始假设的缺失如何应用到学习系统中。上次他去北京的时候，坐出租车准备去饭店。在接下来的几分钟里，他试着用他结结巴巴的中文加上手势和图片来和司机沟通。经过一番努力，司机才上了路并把他带到了正确的地方。现在让我们想象一下，如果我们捕捉到每个游客和每个出租车司机的每次交互以及对应的北京地点，那系统就能建立一个基于这些特定的语言、图片和手势的模型，然后提供给北京的出租车司机，由此判断乘客可能想去的地方（比如丽思卡尔顿酒店）。在这个案例中，系统并不需要知道“为什么”，它只需要能识别出人在出租车里进行这样一种模式的交互，其结果很可能是一个特定的地点。当然，我们会忍不住试图解释为什么如此。作为人类，我们就是这么做的，但现实情况是，我们可能不必这么做。这是不是会让搜索不那么人性化？当然会。不过在这个例子中这一点要紧吗？可能不要紧。

这不是说我们应该在建立系统的时候盲目地接受相关性。数据学家经常会指出的一点是：相关性不是因果性。你可以显示国内手机数量和二氧化碳排放量之间的关联性（数据表明，手机越多，排放量也就越大）。但是，很可能这两者之间没有任何因果关联。没有人会真的相信更多的手机导致更多的二氧化碳排放。

这两个变量只是互相关联而已。再举一个例子，脸谱网最近针对普林斯顿大学的一个研究（该研究声称脸谱网在未来两年内会流失 80% 的用户）发布了一份令人捧腹的回应。脸谱网运用与那份研究相同的方法得出结论，说普林斯顿大学到 2021 年就会空无一人。我再说一次，相关性和因果性被混淆了。

记住：相关性不是因果性。

只是够用就足矣？

搜索在达到某一点后，搜集信息将不再有用，此时对搜索进行的改进应包括增强系统推导出洞见和做出预测的能力。假定数据会持续不断地从各个来源涌入，那么搜索系统何时应该做出判断呢？为了了解这一点人们已经做了大量的学术研究。系统必须不断地问："是不是已经有足够的信息来了解发生了什么，并提供一个统计学意义上的正确的预测，还是需要更多的数据？进一步说，如果搜集了更多的数据，有没有可能预测质量仍然无法提高？或者因为决策延迟而实际上得到一个更糟糕的结果？"

我想起了一句格言："完美乃优秀之敌。"换句话说，一个人（或者一个搜索系统）可以搜集某个事件的数据直到永远却从不做出一个决定。在搜索时这么做显然行不通，但是我们也需要确保在下一代搜索所依赖的预测模型中有足够的信息输入。这些模型背后的计算机科学已经远远超出了我的知识水平，但是我们可以从一个外行的角度来看看交通路况和路线规划面临的挑战。

搜索引擎能从路况和导航应用（比如Waze）那里获得这样的信息：在你回家所经的道路上有车祸发生。引擎需要回答的问题是：它应该马上告诉你，还是应该等一等？如果系统选择等一等，它可能会得到别的信息来确定此次车祸是否会造成交通问题。有可能出事的车辆损伤不大而且已经撤离了路面，所以在你回家途中不会造成重大的延迟，但要是系统没有等待更多的数据搜集，而是在事故警告发出后立即向你提出建议，那么它可能会重新规划路线，最终让你花费更长的时间回家——因为要是你继续在那条发生轻微车祸的路上行驶，花费时间反而更短。

系统必须平衡快速处理信息带来的好处和坏处。它必须达到一个特定的阈值——信息是正确的而它的预测也是真实的，而且它做出的决定最终为你带来更优的结果。通过等待更多的信息来确定事故有多严重，可能会造成系统延迟，而让你在开过一个路口后再也没有其他道路可走，最终将使你回家时间漫长无比。这里没有完美的答案。当判定什么时候给出信息才是最好的时机时，系统就像人一样也会出错。随着研究人员进一步的研究，以及引擎不断提升对现实世界的数字化认识的精确度，这些系统把握触发某个事件的最佳时机的能力也会提高。

从查找到行动

要在现实世界中完成某事，搜索需要“手和脚”。虽然我们在搜索系统理解世界这方面取得了长足的进步，但只有理解的能力而没有采取行动的能力限制了搜索真正的潜力。此时就是应用登场的时候了。

2014 年年初，在我们设备的各种操作系统上有超过 150 万个应用——也许还有更多，但是各大发行商都对该数字保持缄默。这些应用能让我们做这些事情：

- 消磨时间（《愤怒的小鸟》）
- 记录一段对话供日后使用
- 管理我们的旅程安排
- 进行支付
- 跟踪我们的财务状况
- 打出租车
- 订旅馆
- 记录一个时刻
- 控制家里的灯光和设备

简单来说，应用数量的爆炸让我们的智能设备增强了人类所拥有的自然能力。举一个简单的例子：我要买一根手机数据线并要求送货上门，但是我一整天都要开会。如果没有 Postmates 和 TaskRabbit 这样的跑腿服务，我能怎么办呢？我可以给一个朋友打电话（但是开会时不大容易做到这一点）；幻想我有一位助理，我给她写一封邮件，而且她还得有车；给自己设置一个提醒，在回家的路上去取。在所有这些情形中，完成任务的效率实在低下：找人来帮助我，欠他一个人情，记得日后要还；不得不在回家的路上把车停好，只为了去拿手机要用的那根线。这么做不仅破坏了我的生产力，而且在我已经超负荷的脑子里又加上了一项认知方面的负载。

如今我能有什么其他选择呢？我可以随便打开若干应用中的一个，找到一个人（从生产角度来看，此人在那时未被充分利用）去我要他去的地方，买好线，然后放在我想要的地方。我告诉系统我愿意为此付钱，而要是有人觉得这个报酬值得他花时间，他就可以接受这个工作。此人要做的是去商店，找到我要的线，并买下来。一旦他将线放在了我指定的地方，我的应用会收到一个提示，包括我雇人办事和线花费的金额。我只要轻轻一点，就完成了支付。我甚至都不用开口说话就能完成这些事项。所有这些操作都可以在我开会时用手机完成，而此时其他人正讨论着季度计划。

超越应用末日

然而，应用以及它们代我执行的功能不过是达成让搜索为我做事这个目标的中间阶段。我的核心问题是：我为什么非要装个应用才能知道地铁什么时候抵达纽约第二大道站？或者知道仰望星空时所见的星座是什么？或者计算在餐厅里应付的小费是多少？很多这样的应用没做什么事，只是向 1—2 个根据用户体验包装好的结构化数据源发出一个查询，使得我们在设备上的操作变得简单而已。想象一下这样的场景：我想搭地铁去洛克菲勒中心，于是在 21℃的气温中我待在一个角落里，用我的小键盘和小屏幕在应用市场进行一次自从 1994 年以来就有的关键词搜索，希望找到一些通过拥堵的通信网络下载的代码，再装到我有限的本机存储上去——顺便提一句，这会消耗我的电池寿命，因为它自作主张地开启了我并不需要的推送提醒——我劳心劳力所做的这一切只是为了知道如果我要往北去应该搭 F 线还是 D 线。再没有比这更不优雅的事了。

应用末日：应用太多反而找不到应用。

更加明智的做法是将应用推向搜索。这是让搜索“行动”的关键。引擎不需要来自用户明确的需求指示（也就是说，因为我需要地铁的地图，所以我安装了一个应用），就能探测出隐秘的意图。如果我坐在曼哈顿下东区的汤普森酒店，查询洛克菲勒中心，那么从逻辑上说我想去洛克菲勒中心。这里的关键是将推断出来的意图映射到一种新型的轻量级应用上，但它比网络上公开的那些功能更多。简单地说，想象在云端有一系列应用，等着搜索引擎向它们索取信息或者咨询它们能够在现实世界中做些什么。在上例中，我的查询是“我在下东区，要去洛克菲勒中心怎么坐地铁”。它触发搜索引擎向云端最有名气的“地铁应用”咨询该信息，并显示该应用返回的信息，作为搜索的回应。

搜索应该了解应用能做什么，并利用其能力来响应一个查询。这个想法并不算新。简单回顾一下历史。UDDI（通用描述、发现和集成服务）本质上就是一个云端的大型目录，网络服务在其中注册，从而使应用知道它们（比如为了验证一张信用卡）应该选用哪个网络服务。UDDI已死，但是它的想法还是很了不起的。事实上，它在如今比2000年刚出现时更有意义。因为在今天，我们有将近150万个应用（而且很多是网络服务伪装的），所有的用户（除了那些最聪明的用户）越来越迷惑，甚至不知道怎样在网络上做事了。

那么我们需要什么呢？我们需要的是这样一些东西：

- **注册应用功能的方法**。我们需要一种能力，让应用能注册它们的接口和方法。如果你的技术背景不那么深厚，我们就需要应用以结构化的方式公开它们具有的信息类型、它们能做什么、应该如何向其发出查询以及它们如何对提问者做出回复。应用应该将这些发布到云端的目录上去。
- **微支付**。信息和服务不是免费的。我们也不该指望公司或者个人无偿搜集信息或提供服务。如今我为地铁地图的应用支付1.99美元，下一步则必须有一种方法向访问信息的引擎或用户收费。微支付将比独立的应用便宜很多，地铁路线这样的信息应该收费不到一美分。
- **持续登录和账户**。老是要登录而且还要选择和服务关联的正确账户，这也是妨碍应用功能无缝桥接的因素之一。现如今我们没有办法轻松地为来自应用的信息进行微支付，它们并不是通过现有的广告模式得到资金。持续登录和单一身份标识将减少系统选择应用时的错误，因为它会更仔细地为每个用户微调意图模型。

- **评级**。为一个意图选择合适应用的过程中，有一部分工作是要知道哪个是最好的。系统可以利用评级作为显式学习的方式，并将传统但表现良好的机器学习加以改进，能帮助系统了解应该调用哪个应用——基于某个特定应用最终帮助用户完成一项任务的频率。

对可用的数百万个应用功能的理解如何与搜索关联呢？将我之前需要充电线的例子加以扩充如下。我意识到我把手机的充电线忘在家里了。我现在在办公室，下午马上要出差，已经没有时间回家或者去商店了。我能怎么办呢？如今，我在网络上查找或者咨询我认识的人并请教他们我该怎么做。这些资源可能告诉我有两个应用（TaskRabbit和Postmates）能提供送达服务。于是我打开手机安装这个应用，开始处理业务，其中包括注册该项服务，设置支付方式，学习如何使用该服务，最终还要在应用中来来回回地折腾。这么做效率不是很高。我真正要做的事情（也就是我的意图）是在我出差之前有人把充电线给我送来。

我要做的是，只需要告诉搜索：在我出发去机场前我要拿到我的手机充电线。而搜索应该完成下面的步骤：

- 检查我发出该请求的手机模型（这是如今搜索每天都做的事情）。

- 推断我的意图（我需要买一根充电线）。
- 列出限制条件（我需要充电线的时间要早于我日历上的登机时间，还要减去系统预测我前往机场并办理登机手续的时间）。
- 确定网络上哪个服务能完成我的要求。
- 向某个应用发出请求，并附有一套定义好的信息：请求人，送货地址，请求人愿意支付的金额（根据我个人档案进行推断或者该服务提供者完成一项送达任务的平均价格），任务描述，截止时间。

要是你觉得这听起来像科幻小说，我可以给你看TaskRabbit提供的这些API（应用程序编程接口）的网络文档。这些API现在就能让我们构建一个如上所述的系统，完成这些基于动作的步骤。

当今的挑战——也是搜索公司努力攻克的挑战——是没有一种一致的方式让搜索引擎知道有什么应用、它们能做什么，以及怎样与它们交流。这就像是你在伊斯坦布尔的集市购物，而且你相信肯定会有一个地方让你买到藏红花。而要找到这个摊位，还只能和摊主用你的母语交流，就让所有的交易变得异常困难。你要么不知道自己有怎样的选择，要么没法和摊主沟通，以至无法了解到基于你的条件（你什么时候要，准备付多少钱等）能不能找到你想要的东西。这就是如今搜索和应用所处的状态。

聚焦:基于动作的网络

我还记得我第一次使用Siri这个应用的情景,那还是苹果公司收购该项技术很久之前。当时是2009年,我把Siri安装在一台苹果3G手机上,然后和女儿去看戏。完成安装后,我对它说:“下周二晚上7点半,我想在奥斯汀一家有情调的餐厅订个双人位。”很快,Siri给出了一张餐厅列表,上面的餐馆都是Yelp认为有情调而OpenTable显示那天还有空位的。然后,Siri问我是不是要订其中的一家餐厅。这真的很神奇。Siri确实在聆听,理解了我想做什么,然后用合适的网络资源将我的意图转变为行动。我们还没有达到这个程度(虽然那已经是5年前的事了,其间苹果公司出于规模化和全球化的考虑做了一些修改),但那样的体验向我展示了搜索将会有怎样的惊艳表现:整合知识、形成洞见、采取行动。

最近,有一些服务(比如EverythingMe和Quixey)开始尝试跟踪那些为某一特定需求而开发的应用。比如,你可以在Quixey中这样查询:“找一个本地的医生。”然后系统会返回若干应用,使你找到并且预约你附近的医生。所以,我们在进步:这个应用解决了由人去寻找医生的问题,因为我现在可以找到并安装某个应用来帮助我完成任务。下一次的迭代显然是建立一个系统,找到信息和服务，询问它们提供的服务和功能，最终利用这些信息帮助我们在现实世界中解决问题。

在谷歌、微软和苹果公司出品的新型智能手机上，我们已经能看到一些这样的迹象。对着手机说“找到最近的医院”或者“给我女朋友发一条短信”，就能启动设备上相应能处理这个请求的应用。对于给某人发短信这样的任务，类似Siri的系统一旦探测到你的意图，它不会提出“应该执行哪个应用来完成指令”这种模棱两可的选项，因为它已被硬性规定了（虽然方式非常简单粗暴）。要是有不止一个选项，显然存在搜索解决不了的问题。

类似微软的Windows和Windows Phone这样的系统正迈开大步，研究如何根据你的搜索来建议使用什么应用。当我来到一个新地方用Windows Phone系统找餐厅时，我得到的所有应用都能帮我在附近订位置或者停车。更让人兴奋的是，当我刚刚抵达一个新的城市，Windows Phone系统上的微软小娜就会推荐一些受欢迎的应用帮我了解这个城市，让我在这里的生活变得丰富多彩，而且还不用我向微软小娜提出这个问题。

让一切变得更智能

下一代搜索的功能中，有一部分能让我们无论身处何地都可以访问。设备越来越小，越来越有能力，形式也多种多样（比如可能没有显示屏或者输入法）。我们需要这些设备自我思考，而不是依赖于某人的激发。

在此我要提醒大家注意来自沃尔夫勒姆系统的另一个创新。它为我们展示了机器是如何做到自我行动的。这一点很重要。树莓派是一种只需花费 35 美元即可购买的电脑。成千上万的爱好者和学生在上面进行编程，让它做任意一台电脑都能做的事。如果你想到了一个任务（让计算机启动咖啡机或变身为网络电台，或者当你到家时自动控制灯光）并编成代码，树莓派可以帮助你将其完美而廉价地实现。还有其他类似的项目，比如 Arduino（一台 100 美元的微型计算机）能很容易地和各类定制硬件结合完成各种事情，比如变成一台 3D 打印机（99 美元），变成一个机器人（要花 30 美元买一个马达控制器），或者给它配上眼睛、耳朵和湿度传感器（15 美元，不算照相机和麦克风）。

如今这些设备和其他计算机一样基于简单的计算机语言而运行。但是，沃尔夫勒姆研究公司在 2014 年宣布，它准备在树莓派中嵌入沃尔夫勒姆语言。这就意味着这台 35 美元的计算机有了非常高级的理解能力以及向世界发起查询并与之交互的能力。配合由 Arduino 和树莓派社区的人们开发的廉价硬件附属设施，我们就能拥有一台不仅能理解现实世界还能在其中“行动”的电脑。

“行动”就是沃尔夫勒姆研究公司要完成的。沃尔夫勒姆研究公司的目标之一是让任何设备能与其他联网的设备对话。按照它的说法：“我们的目标是，不仅处理设备相关的信息，而且实际上能连接到那个设备并从那里获取数据，然后用这些数据做各种各样的事情。”

换句话说，公司的目标是建立一个数据库，记录数百万个设备的细节，包括它们的功能（压制一块金属，测量高度，测量体温），以及如何与其沟通。因此，地球上的每个设备都能互联而形成全球共享信息，而且部分由沃尔夫勒姆语言——当然最终我们还会看到别的语言——支持。

所有这一切意味着什么？这就是说，搜索依靠网络爬虫捕捉网页从而获取信息的方式太傻了——用户需要输入正确的关键词，像中“六合彩”一样得到需要的内容。如果地球上的设备以某种方式沟通，而搜索系统也知道如何与它们沟通，设备自身也知道它们的能力以及在现实世界中的目的，那么情况就可能是这样的：你把手机对准一个螺丝钉，你需要这个螺丝钉来修理你的古董书桌，然后你的办公室的3D打印机就制作了这个螺丝钉的复制品。或者是这样的：如果你跑步的时候扭伤了脚踝，搜索过程可能就是从你的腕带中读取你的医疗信息并发送给最近的急诊室，然后急诊室会派一辆救护车来接你。

不论场景怎样，设备知道它们能做什么、知道它们周围的设备又能做什么，若再有一个框架让它们互相沟通协同工作，这样的能力具有深远的意义。我们想象一下，这样的工作会怎样连接虚拟世界和现实世界，而搜索又怎样真正成为连接两个世界里最好部分的那个“铰链”。

设备交朋友，相互有影响

让设备能“思考”是一回事，但要真正地实现下一代搜索的能力，它们还需要能各自沟通。包括沃尔夫勒姆研究公司在内的诸多公司如今都进入了这个领域，准备建立一个联盟来为物联网助力。AllJoyn 系统是 AllSeen 联盟开发的一个开源项目，他们正和主要的设备制造商合作制定一系列标准来使设备实现相互间的沟通。为什么要这么做呢？现在的情况是，即使有了来自所有这些设备的所有信号，这些信号还需要某个转换层才能让各个设备知道其他设备的意图、它能做什么、怎样使它完成任务。

如果有一种标准的语言让设备用来表达其能力和限制，那么就不需要进行转换，也就避免了误解。这样的想法很不错，但我们也不清楚是不是真有人在编写这样的翻译程序。而且就算有人正在做这件事，其商业模型也很虚幻，因为帮助一个电灯开关和微波炉沟通这样的问题要获得大规模的经济效应看上去很困难。每个设备不必和云端服务器通话就能理解另外一个设备在说什么对整个系统来说也是有好处的，因为每多一个层次或过程都会多引入一个错误点。

其他一些系统（比如 SkyNet.im）提供了非常简单的框架来进行设备间的通信。简而言之，就是用某种方法让设备、传感器、服务器能互相对话。如今我们还需要进行一系列的编程来完成这样的对话（比如，让一个廉价的动作传感器和三个机器人通话），但是最终的目标是让人们即使没有编程经验也可以通过简单的拖拽界面完成沟通。如果任何设备、任何系统都能互相对话，我们只需要简单地告知它们，“如果看到这个，就做那个”。在完全自主——不用明确告知做什么就能采取行动——的物联网到来之前，这一中间步骤已经前景无限。

比如我需要明确无误地给家里的灯泡编程，保证其在家里前门打开而且动作传感器探测到门厅有人走动的时候就点亮。家里每个设备还有各自特有的语言，而且用这些语言才能达到这种层次的协调。而像SkyNet.im这样的系统让我们有办法和任何设备进行对话，让所有设备互相对话。只要再前进一小步就能想到，随着时间的推移，我们可以开发出这样的系统：让这些设备在知晓它们所处环境的情况下，学会采取最有逻辑的行动。这也就意味着我一到家灯就会亮，因为这么做是有道理的，而不是因为我告诉系统应该这么做。

设备将能控制自己以及互相控制。

把一切整合起来

至此我们已经看到，下一代搜索系统的很多部分还在开发过程中。有些部分正在有条不紊地建设中，而另外一些的目的都还没有确定。马克·戴维斯是人机交互的先锋，也是很多智能系统的开发者。他将搜索看作多个部件的指挥者，也是制造真正有预见性且有用的“铰链”的关键：

> 搜索领域的竞争将是谁能提供最值得信赖的平台环境和体验，让数字化的人在互联网中获得力量，而达到这个目标后，生活就变成一个查询的过程。
>
> 关键词搜索在特定时候仍然有用，但是你真正想要的是“生活即查询”的效果。我们有一些很不错的例子。有这么一个说法叫“就在手边”，你会想到那些确实合作得很好的人。比如你在手术室中，医生伸出手，手术刀就出现了，不需要他提出要求。这是因为在这个过程中，其伙伴对他如此知根知底，也清楚接下来要做什么，足以让他不必提出任何要求，而需要的东西就在那里了。
>
> 我认为在搜索中我们即将看到的是，随着技术越来越先进，在合理的隐私保护、权限控制和数据结构得到保证的前提下，信息和服务将主动出现并供人使用，而不必我们发起请求，因为此时过有效率的生活就是查询本身。我认为这个可能性的影响将非常深远。

于是，你的生活成为搜索的引擎。至于搜索，因为它太了解你，所以哪怕在你做事之前就可以预见到你的需求，当你需要时出现并给你正确的答案、合适的服务、恰当的帮助。通过了解你和这个现实世界，它能做到这一点。它理解你的模式，知道你周围的事物如何行动又如何互动，还能确定怎样是最好的行为，然后呈现给你，因为它总是在衡量所有可能的场景和结果，并放弃糟糕的结果，推荐优化的结果。

下一代搜索能提升我们的幸福感吗

这是一个很有趣的悖论：由于我们获得越来越多的数据，有人假定我们就能预测任何东西，但事实不一定如此。符合逻辑的推论是：数据越多，搜索就越好，预测也就越好。只要时间足够，数据精确，这是完全正确的。可是，如果系统面临如此多的数据，某些类型的查询（需要快速回应的查询）得到答案花费的时间就不是一个查询者能接受的了。

我们人类早就学会了如何处理我们周围如此多的数据。基于经验而找到方案的技术称为启发式学习。我们都知道这个事实：如果我们被迫处理来自现实世界的所有视觉、听觉以及其他感官的输入，我们就会发疯。而启发式学习是思维上的捷径，帮助我们解决和之前遇到的问题不一定完全一致的情况，并通过应用几乎正确的模型，很快以一种令人满意——即便不是完美——的方式加以解决。

而我们进行启发式学习不仅是因为我们面临数目惊人的输入，还因为如果对所有的变量都加以考虑并判断，会让我们的每个决策都难以做出。想象一下，用我们的头脑处理细节的最高程度来挑一双鞋是怎样的情形。你不只要找到那双能完美匹配衣服（还有袜子、腰带、裤子和衬衫——这可是令人束手无策的多元函数）的鞋子，还要在当时考量其他变量，比如如果鞋子湿了，会有污迹斑点吗？脚后跟露出多少？如果要过安检的话，是不是很容易脱下来……诸如此类，不一而足。我们的大脑对于每个决策都能进行如此数量惊人的考量，上例只是这些考量中的一部分。我们可以看到，启发式学习为什么如此重要了，因为我们可以纳入所有这些考量，采用一个足够好的模型，让我们基于过往的经验，获得一个可能会解决该难题的、足以让我们满意的结果，快速地决定穿哪双鞋。

有趣的问题来了：这样一种样本式的或者足够好的生活过程，是不是意味着我们放弃了很多幸福的可能呢？巴里·施瓦茨博士是斯沃斯莫尔学院的教授。他在那本精妙的著作《选择的悖论》中提出了这个挑战。他分析了选择过多和总体快乐降低之间的关联性。换句话说，如果某个人面临很多选择，那么当他做出最后选择时的幸福感相比他只有少数几个选择时要低一些。

我们对启发式学习的依赖是不是意味着我们放弃了很多幸福？

另外，诺贝尔奖得主丹尼尔·卡尼曼在谈及启发式学习时，指出了进行决策时不知道所有变量而面临的风险。卡尼曼引入了一个他称为“汝之所见，即为一切”的概念。简单地说，我们进行决策的时候，我们的思想只会考虑它已知的或者在过往观察到的因素，也就是他所说的“已知的已知”。当然，挑战在于，还有那么多变量会影响决策，但是我们的思想之前从未观察到。卡尼曼将这些称为“已知的未知”。卡尼曼的理论是，如果我们不进行严肃的自省，就不能很好地考虑这些可能性，而且当我们必须每天数百次地进行快速的决策时，就更不可能做到了。更令人担忧的是，思想完全无视存在“已知的未知”的任何可能性。而这些“已知的未知”未能被观察到，与决策的关联也就不明确了。

重点在哪里？人们在进行决策时，不能真正地考虑所有应该考虑的东西。这个世界太复杂，任何时刻都有着数亿的变量作用在我们身上，但由于我们的思想会基于“已知的已知”来做决定，而我们通过观察构成的宇宙与“已知的未知”和“未知的未知”形成的框架相比实在太小，所以在大部分情形下，做出一个精妙决定的可能性非常小。最后，我们倾向于假定不存在混沌。我们期待的是我们当前的处境会和上次类似的处境成为镜像。而我们已经从很多共同基金经理人那里得知，现实不大可能是这么回事。

说了这么多，在这个充斥着数据的时代，搜索能增强我们的能力，只要我们不再视其为万灵丹。换句话说，如果我们能将搜索变成一个通用的中间人，同时运行数千万个“如果……那么……”场景的运算，只弹出我们确实需要知道的信息或者需要做的行动，我们的心灵会由此得益——至少选择悖论是这么说的。可是如果我们认为搜索只是一个系统，必须在 30 毫秒内返回一个简练的答复作为对我们输入其中的只言片语的回应，我们就增加了在这个日渐复杂的网络中面临的越来越多选择的风险。

阿尔弗雷德·诺思·怀特黑德可能对此做出了最好的概括。他注意到:“进步依据我们不再需要考虑什么而被衡量。”如果搜索理解了世界，通过理解和操控物理世界的设备和服务参与其中，增进我们人类思想和行动的自然能力，那么搜索“能做什么”的问题就不那么重要了，更重要的问题是考虑搜索“不能做什么”。

到此为止，本书的大部分篇幅都是在讨论使这些新体验成为可能的系统。讨论这些搜索系统如何出现在我们的日常生活中，我们如何真正地与之交互并从中受益，将是下一章的重点。

第 4 章 搜索将会如何?

SEARCH

搜索一旦得以进化，就有可能成为最终连接人性和机器的“铰链”，以某种方式让我们超越自身的生理局限。在技术发展史上，我们已经到了这个点：我们有了必需的部件来增强人类的能力，赋予那些能获取这些系统的人以超级能力。不论你身处何方，你都能知道任何可知的东西，能在世界的任何地方做任何事。这些比以往任何时候都更接近于现实。

当然，技术圈里有个很出名的笑话，用在这里也很恰当：“过去10年的每一年都是（此处插入任何热门科技）之年。”换句话说，我们这帮技术人员在预测技术什么时候到了分界点——从科幻或者理论研究进入现实——这方面一向很糟糕。

事实上，就在此刻，肯定有不少人读到此处会说：“到目前为止，你描绘了一个由数据驱动的技术乌托邦，看上去、听上去都令人印象深刻，‘土耳其机器人’也是如此。”在技术术语中，“土耳其机器人”说的是那个机器人国际象棋选手。它建于 18 世纪末期，参加了很多博览会，挑战并击败了世界上众多国际象棋选手，但是最终所谓全自动象棋大师之谜被揭穿：那不过是一个人（当然他是很强大的国际象棋选手）控制着滑轮和杠杆，只是表现出机器人有着超级智力的假象罢了。

要将我们这个版本的“土耳其机器人”转变成完全有能力的国际象棋大师，会面临怎样的问题呢？我们之前已经提及了一些，但让我们再花一点儿时间更详细地讨论一下为了填补人机能力之间的沟渠，我们必须克服的那些挑战。

- 通道失配：机器用海量信息让我们无所适从，而人类会在短时间内要求过多。
- 环境陌生：一旦面临无法处理的环境，如今的机器通常会发生故障或者采用缺省的简单行为。而人类进入该环境后，在很多情况下，不会使用获得最大利益所必需的正确信息（或者根本没有信息）。
- 人性缺乏：如今，机器还不能欺骗人类，使之相信它们也是人类。这也是每年进行图灵测试的基础。在图灵测试中，系统的竞赛目标是成功地与人类进行对话，而此人却不知道对话的另一方是计算机。到目前为止，还没有计算机能通过该测试。这当然也揭示了对于Siri或者微软小娜这样的系统，人们提出的问题中为什么会有30%—40%是社会问题或者愚蠢的问题。他们只是为了测试这个“助手”的真实性，而不是提出系统应该回答的那些查询。我们希望（或者需要）相信，我们与之交互的“人”不仅能理解数学还要理解人性。

- 权威不明：我们去看医生不是为了得到一张列表，上面基于诊断列出了上百个治疗方法的可选项，我们只要一个或有限的选项就够了。通常我们遵循专家的建议是因为他们是专家，而且我们相信有一些方法验证他们的权威性——要么是他们名字后面的职称，要么是因为他们在其他公众领域获得了资质。而在如今的搜索系统中，这样对权威的信任并不存在（也可能不应该存在）。
- 理性模糊（或缺失）：作为人类，我们享受着进行不明智选择的灵活性。我们做出决定所基于的理由可能只有我们知道，而周围其他人觉得该决定靠不住。如今的机器不会采取违背最符合逻辑的结果的行为。

基于我们提到的这些挑战，很多人认为系统将不能真正地模拟并增强人类的智慧。诺姆·乔姆斯基认为科学并不充分，或者说得更难听一点儿是浅薄。他认为，即使我们能教会系统去理解引力这样基本的概念，并让该查询返回一系列结果和图片，我们其实并没有真正地让搜索领会引力对于我们这个世界意味着什么。

关于通用AI（人工智能）系统如何在实现过程中失败的文章已经有很多。从20世纪50年代起我们就开始研究AI的概念。从20世纪60年代以来，我们开始研究AI系统。但还是有人会说，我们在最基本的测试上还是没能取得成功。

乔姆斯基断言，我们能看到真正的进步是在那些简单系统的领域。他认为，物理就是简单的，因为我们能测量现实世界中的东西，并取得长足的进步。我的看法是，他的想法有一定道理。不过我认为，看到我们在AI上的进展还有另外一种方法，既能验证他的判断又同时将其推翻。我们之所以还没有更好的AI，其中的一个原因是我们还从来没有足够的数据来为现实世界建模。想象一下10年前试图去跟踪一间房间在一整天里光线强度的变化吧。你将不得不整天蹲在这个房间里，带着光度计，每小时、每刻钟乃至每分钟都进行一次测量。而你能做到的也只有如今一个价值10美元的设备能做到的一小部分，因为后者可以以毫秒为单位测量并发布光照数据。

在所有情形下，测量的保真度在提高。得到的结果意味着很快就可能让系统对数据进行建模，从而理解我们周围那些“隐形之力”间进行的交互。比如，我们大多数人并不理解为什么一部老式的摩托罗拉手机在快要收到一条短消息的时候，电脑的喇叭会有嗡嗡声。这两个看似不相连的设备交互的方式不是那么直观明显（至少对那些不理解无线电波和电磁感应的人来说确实如此）。不用多久，一旦系统开始理解每个对象的特性以及它们可以怎样关联，这样的关系就会变得更透明了。

混沌理论中有这么一个原理：澳大利亚的一只蝴蝶扇动翅膀，可以引发内布拉斯加州的一场暴风雨。它要表达的意思其实很简单：在复杂的系统中，哪怕最小的扰动也会在后续阶段产生严重的结果。比如气象预报所面临的挑战就是这些所谓的“蝴蝶效应”。显然，今天的气象预报员不可能有一只在悉尼海滩翩跹的蝴蝶的任何信息。要是他有呢？或者说得更精确一些，如果他的机器有呢？如果它们知道发生的每一件事，引发这些事的每个对象、事件和对象结合的每个位置，然后在计算机模型中加以运算，发现如果一只蝴蝶在周二下午 3 点靠近悉尼歌剧院的海岸边扇动了翅膀，那么 48 小时后内布拉斯加州出现雷阵雨的可能性会高达 95%呢？是不是很疯狂？或者，事实就是如此？

提升我们这个世界的精度

我们在之前的章节中看到，要获得对这个世界更好的预测结果，意味着要对其内在工作机制有更多的了解。还有不少人怀疑单靠数据就能为我们带来全知全能，下面我将用系统生物学知识来做类比。系统生物学研究的是系统层级的生物有机体系而不是分离的各个部分。它关注的是细胞系统的结构和动力学，以及系统内的各个部分如何交互。

观察细胞和它们生活在其中的组织之间的复杂交互，找出为什么会得某种疾病，需要“透视”人体内部，并在细胞层面搜集大量的信息（很多时候需要实时信息）。系统生物学在20世纪40年代被认为是一个令人激动的领域。那时的研究人员开始思考治疗疾病的根本而不只是治标，但几乎没有足够的工具来进行人类身体分子级别的分析。

事实上，正是由于分子生物学在过去几十年的多项进步让研究人员有了新的数据，使得建立计算机模型成为可能。数据积累到了一个临界点，系统生物学成为更生机勃勃的一个领域。

而突然之间，随着网络的出现，功能基因组学在20世纪90年代崛起，人类基因在2001年完成测序。这个学科研究的是捕获并理解我们体内基因和蛋白质的交互。这一领域的研究为我们提供了大量有关生物进程的高质量数据。而这些新的知识和计算能力的提升——正是这一提升给予我们越来越具有现实感的游戏设备，越来越真实的电影特效，以及很坦白地说，给我们带来了互联网——结合在一起后，我们就可能对人类生物学进行建模。最终，我们可以将越来越高精度的输入（每一年我们实时、无损地透视身体内部的能力都在提升）应用在大量的计算模型中。这意味着我们在将以往认为是艺术的东西转化为科学的进程上取得了了不起的进步。1997年，我们得到了第一个完整细胞的定量模型，而现在我们正加油前进，使用生物信息学——描述我们的生物系统如何工作、受损、被修复的学科——来为整个细胞系统建模。

而生活“柔软”的那一面又怎样呢？按照乔姆斯基的说法，重力对计算机来说没有任何意义。而且显而易见的是，像小说是否会成功这样复杂而困难的预测是没法被计算出来的。或者它也是可以的？最近，在国际计算语言学协会召开的一次会议上，几个人发表了一篇文章，说他们的系统能精确地预测一本书是否会成功（通过是否获得普利策奖、亚马逊的销售数据以及最早的数字图书馆古腾堡工程的下载量来判断）。软件会分析书中的用词、句子结构，还有其他一些变量来做出预测。当然，软件并没有灵魂，不能理解用词的优美或者欣赏行文的典雅。所以，乔姆斯基可能还是对的，但至少我们肯定会感觉到：我们正在接近于向系统灌输某种层次的理解，一种超越了单纯计算的理解。

类似Beyond Verbal这样的公司有一些超前的系统，通过海量数据来分析你在和它们对话时的情绪。程序利用人的语音语调来理解心情、态度和情绪化的决策。苹果手机只要听你说话20秒钟，就可以提供即时的情绪诊断。如果我们的系统能识别情绪，它们就很可能对此加以模仿。毕竟，所谓的同理心不过就是稍微深入另一个人的脑海而已。

机器学习和智能

机器学习是AI的研究领域之一，它注重研究从数据中学习，从而在将来类似的场景为我们提供指引的系统。为了给予搜索系统理解模拟世界的能力，成功的方法有很多。机器学习是其中之一。我们有很多看似魔术般的、由科技带来的体验（比如在语音识别方面取得的令人惊讶的进步）以及与诸如亚马逊这样的零售网站进行越来越个性化的交互，这都源于此领域的研究。机器学习研究的重点在于让计算机具有无须显式编程就能学习的能力，这是填补人和搜索系统之间的鸿沟不可或缺的一部分。

我们可以把机器学习与潘多拉网络电台联系在一起考虑。蒂姆·韦斯特格伦刚启动个性化网络电台服务的时候，他雇用了几百人去听音乐并标注出音乐的特性。按照韦斯特格伦的说法，音乐基因组计划通过使用数百个可以描述歌曲的属性，努力在音乐最本质的层次上去理解音乐。

该小组决定将音乐分成若干“基因”：流行/摇滚、嘻哈/电子、爵士、世界风以及古典。每一部分由公司的“基因专家”加以分析，根据将近400个特性进行分类。他们把这些特性（也就是搜索中的特性）称为“基因”。在基因学中，基因是一个核苷酸序列，它决定了我们的眼睛是不是蓝色的，头发是不是棕色的，我们的皮肤是不是会晒黑……它表述了我们遗传性外貌。音乐基因组计划将它的精力集中在分辨是什么构成了每首歌曲。它要找的是决定性的特征：有切分音吗？合唱部分有和弦吗？这首曲子是不是弦乐丰富？有很强的女声吗？

每首歌都由一个人来专门分析，并根据这些不同的特质加以分类，最终得到的结果是索引中30万首歌的每一首歌都以精致的细节给出了数百个描述。另外，歌曲并不是只由一个人去分类。项目的目标是通过多个听众的分析获得一致的质量控制，而每个“基因专家”获取的词汇、接受的训练将保证在进行音乐分析时的一致性。

在音乐基因组计划中，人类将数字属性应用到模拟世界中。

他们用的是模拟源（音乐的声轨），通过分析得到音乐的特性。这就是我们所说的“训练数据”，而这也是某类机器学习的核心。要理解机器学习，我们要想象一个黑盒子，黑盒子的两边各有一套数据。左边的那套数据看似随机，右边的则是经“整理”后数据的样子。因此，我们可以打个比方，左边的数据可能是过往一年中每天的气象统计数据，而右边是每个棒球击球手在同一个年份每天打出安打的平均数。在受控的机器学习过程中，系统用一系列数据来表现模式，比如它发现某些击球手在晴天的表现要好一些。（虽然比赛都是在室内进行的！）机器找到了一个模式，连接了来自盒子左端的输入和盒子右端的输出，然后它就可以用这个模式对类似的场景做出预测。

要是我们加入更多的特性，并对各个变量赋予不同的权重，这个过程就会更有趣。想象一下你手上有的信息是“西雅图 6 月份的平均气温”，以及这样的事实“6 月份西雅图抢劫案数量是年平均抢劫案数量的 1.2 倍”，然后让系统开始分析这些事实，并得出预测结果。在这种情况下，系统可能会证明一旦西雅图的气温超过了 68 华氏度（20℃），抢劫案就有可能增加。如果加入更多的变量（邮政编码、一天中的时间段），你就可以建立一个概率模型，预测你家什么时候可能会被抢劫。

机器学习能让系统找到模式并做出预测。

在潘多拉网络电台这个案例中，机器学习用来微调听众选择的频道。如果一个听众喜欢某一首歌曲，而潘多拉网络电台也知道这首歌的所有400个特性，它就能以一定的准确度预测该听众会喜欢与这首歌有同样特性的那些歌曲。在用户与系统交互的过程中（比如给一首歌“点赞”或者表示不喜欢），系统就能进一步改善它的预测。也许潘多拉网络电台认为我会喜欢某首歌，但事实上我不喜欢，而原因是其铜管乐器的“基因”权重过高了。而潘多拉网络电台知道我不喜欢那首歌后，它能为我重建模型，并让该频道做出预测的时候选择没有那么多铜管乐器的歌曲。

还有好多别的例子。IBM（国际商用机器公司）的超级计算机Watson（沃森）因在美国智力竞赛节目《危险边缘》中打败人类对手而名扬四海。它已将其能力扩展到了食谱分析。我们已经知道，哪怕只有10种配料也能得出数万亿甚至数千万亿种可能的变化——特别是当你考虑到某种配料数量上的变化（比如红辣椒末是1/4勺还是1/2勺）之后。Watson受到的训练能让它预测某个食谱会好吃还是难吃，出人意料还是中规中矩，它甚至还知道特定菜式的优化搭配。这已经不是在一台机器的索引中存入10 000个食谱那么简单了。Watson有了足够的训练数据，它（和潘多拉网络电台非常相似）开始懂得怎样才能产生一个符合某些特定标准的结果。你不用想就能知道在一个成功的食谱中，各个因素交互的复杂性是如何令人眼花缭乱。烹调时间、温度、盐和醋的配比……所有这些元素都要被测量，再以一种方式组合，得到一道美味的菜式。有人甚至认为，Watson的这个新能力才是机器第一次展现出真正的创造力。

消耗更少，做得更多

然而，机器学习最令人激动的成果之一是系统如今能用越来越少的数据达到权威的地位。这一点很重要。即便我们可以挖掘的数据量呈爆炸趋势，但是搜集、标记和使用数据还是复杂得令人咋舌。不用研究所有的数据就能做出精确的预测从而提升学习效果非常重要。其中的原因我们在第 6 章再讨论。如今有一家叫作Animetrics的公司只要用最多 65 个位于双眼之间的像素点就能标记出照片里的人脸。对一张标准的 5 英寸长、3 英寸宽的照片来说，那只有大概 0.4 英寸。所以哪怕在照片中你的整个头部只占了小指甲盖的大小，这个系统也能在照片中认出你来。另外，该公司还研究了一个系统，可以把一个看向旁边的人的头部侧脸像转成正面像。对于脸部识别来说，这么做更简单也更精确。

斯坦福大学最近进行的一次学术研究表明，研究人员几乎不费吹灰之力，就能使用最简单的网络工具将 5 000 个随机电话号码和号码的主人进行关联。再加上一点儿助力（比如谷歌和信息商业公司Intelius），研究人员就能只凭电话号码就标记出 91%的人的名字。

那么底线在哪里？我们谈及了建立预测性、智慧型搜索需要的突破，系统在取得这些突破的时候可能并不需要那么精确的数据——系统生物学的同伴们才需要。系统搜集到的数据数量和类型会持续扩张，但是利用我们现在就有的数据来理解这个世界的能力会更加真实且日益增长。

另一个途径：模仿人类大脑

一些研究人员正研究机器学习和大数据，还有一些人的工作是搞明白怎样为我们的系统赋予更多人类的特性，并帮助机器处理陌生的环境。之前我们讨论过库兹韦尔的研究。他详细地分析了大脑的工作机制，试图找出如何用硅和代码构造一个模仿大脑的模型。在离库兹韦尔的谷歌办公室很远的印第安纳州布卢明顿市，有一个小组叫作“流动性类比研究小组”，他们正尝试用一种不同的方法在系统中建立人性模型。诚如项目组长侯世达在2013年接受《大西洋月刊》杂志采访所言：“很明显，我不想花费时间炮制一些炫目的程序，假装那就是智能，因为我知道那和智能没有任何关系。”换句话说，侯世达希望教会计算机理解人类智能并思考，而不只是伪装成会思考。

该研究小组正致力于用计算机来为“我们如何思考”建模，而不仅仅是投入计算能力，使它看上去好像在思考。计算机系统的美妙之处在于，它们可以是工具，去建造我们思想过程的复杂模型；它们也是代码，对于这样的建造过程我们可以随时暂停、放缓执行、加以编辑。因此，在侯世达看来，我们就能对这些模型加以修补，帮助解释我们为什么认为某件事情很有趣，或者为什么系统的回应很古怪。如果我们能对从聆听到回应之间的每一步加以分析，我们就能将思考的过程进行分解。

侯世达进行的研究进展并不快。我们之前讨论过，机器学习可以很快地建立一个模型：给它数百亿样本，它能在几分钟内了解模式。将这一类型的机器学习和侯世达的工作对比，后者需要一个研究生花上 5—7 年的时间才能将一个相对简单的人类思考过程转化到计算机程序。正如侯世达在《大西洋月刊》中所说的，他的工作组就像一个蚁群，不断地尝试新的路径，向种群汇报，对新的信息保持响应，但也还会犯错误。

侯世达的模型并未流行。到目前为止，其建立起来的系统无论从哪方面来说都不如人类。部分原因在于他们的工作局限在一个非常小的专业领域。而且，人工智能之父和人工智能之祖父肯定会告诉你，虽然他们的工作有价值，但是没有效率，恐怕不能得到如今使用的暴力法（算法的一种）同样的成果。

然而当今在机器学习上进行的工作揭示出了未来惊人的远景。这当然也回应了库兹韦尔最近在TED演讲上的发言。在这次演讲中，他并不担心建立一个具有规则（失败）的系统，而更关注人类大脑到底如何去理解周遭的世界。说到底，我们在第 3 章中讨论过的库兹韦尔的项目的美妙之处在于，我们可能不用为了取得进步而放弃人性。

人就是搜索引擎

先不谈更先进的技术。将人的特性应用到智能系统的过程中有一个很有趣的中间步骤。到目前为止，我们讨论的是搜索通过给我们提供信息，帮助我们完成日常事务，从而增强了我们的存在感。如果反过来会如何？人强化了搜索会怎样？把人加到这个组合里来能帮助系统处理陌生的处境并解决通道失配的问题。

如果我们能结合人和搜索的能力从而获得更好的整体体验，那将会如何？伊迪丝·劳训练系统更好地处理复杂的查询工作，并在这个领域占有重要地位。她关注的是，如果某人向搜索引擎提出了一个高级任务的查询，比如“我的家人患上肌萎缩侧索硬化症，我该怎么帮他”，那会发生什么？如今，引擎会返回很多页面，其中包含来自不同来源的可能有用的文章。然而，作为一个对该病症只有初步理解的查询者来说，那可能对你不是最有用的。你想要知道的是应该采取什么步骤来帮助你的家人以及采取这些步骤的顺序，可以向谁咨询，怎样才能最好地去处理深爱之人的个人事务。

我们能将人类独一无二的智慧带进搜索体验中吗？

要是系统能将初始的、不明确的问题分解，并试图找出方法来回答每一个部分，结果会怎样呢？搜索系统能处理的是，机械地搜集定义、医学专家的名字、药品清单，同时可以向人问一些比较缓和的问题，比如“我父亲什么时候将不再能自己进食”或者“我该如何帮助母亲处理父亲生病带来的影响”。然后，搜索引擎会重组这些步骤，或者做出计划并形成一个连贯的回应。

事实上，利用个人能力来解决问题并定位信息，是美国国防高级研究计划局举办的网络挑战赛中夺冠团队的策略中关键的组成部分。该比赛的目的是找到散布在全美境内的 10 只气象气球。

你可以想象，10 个人靠自己的力量去找到这 10 只气球几乎是不可能的。确实，设计这个竞赛是想看看为了解决这个挑战，人际网络会怎样形成。某人看到她的后院系着一只红色的气球后，会怎样提醒那个正在找这只气球的人呢？所有的报告会以怎样的形式加以汇总和验证？最终胜出的团队引入了一个激励机制，鼓励每个人去找气球，并让他们的朋友知道有这个任务。他们不只奖励找到气球的人，还奖励邀请了别人的人。换句话说，他们的系统不仅奖励完成任务的人，也奖励了使得任务有可能完成的中间人。

慢速搜索

在由人类所强化的搜索中，有一部分工作属于慢速搜索的领域。该领域的先锋是苏珊·迪迈。问题很简单：为什么我们要期望搜索在几毫秒内返回结果？事实上，数据表明，如果在标准的搜索中，搜索时间不能满足某个特定的速度阈值，人们对该引擎的不满将非常明显。搜索引擎已经把人训练到期待所提出的问题能得到立即回应。

但是，请考虑一下现实生活。我们不总是期望立刻得到回应。事实上，如果某人快速地回答了一个简单的问题（比如“你多大了”，应该能得到一个几乎瞬时的回答），我们将其归结为诚实。而如果是一个更复杂的问题，不能简单地用“是”或“否”来回答，我们通常期望此人会暂停片刻，思考一番后才给出回应。事实上，要是此人在回答一个复杂的问题时反应过快，我们反而可能感到不安甚至生气，因为通常你会发现这个答案是不准确的。我们期望别人花一点儿时间来考虑这个问题，充分评估各个方面，找出最佳答案后再给出回应。如果此人再多提一些有助澄清的问题，以此确保他最终的答案确实回答了这个问题的话，我们对此人的印象还会更好。在慢速搜索中，迪迈将这个概念应用到了网络搜索上。

迪迈和她的团队知道这一点：使用搜索的人希望立刻得到结果，而这也是主流搜索引擎建立接口的方式。他们问了这么一个问题：要是我们多给搜索引擎 200 毫秒来回答一个问题会怎样？多给两分钟呢？多给两个小时呢？有了这么多时间，引擎能做到什么？

他们发现，慢速搜索产生了一种全新的方式来思考任务和进行合理的回应。慢速搜索不再是“我收到了 2.3 个词语，必须在 40 毫秒内给出答案”，而应该是这样的：“现在我对能解决问题的选项可以进行更丰富的解析。”搜索引擎可以向其他的引擎和数据仓库发出子查询，并等待它们的答案，这跟伊迪丝·劳的工作很像。然后，系统可以汇总这些数据构成一个更完整的答案。如果我的问题是西雅图市中心最好的素菜馆，那么今天的搜索模型会立刻返回一系列页面的连接。在这些页面上，某个网站的作者汇总了一个餐厅的列表，而这些餐厅的名字中都有“素菜”。要是搜索能真正地向一系列其他的资源（Yelp，UrbanSpoon，OpenTable，当地美食博客，CitySearch，Zagat，Frommer's，

TripAdvisor……）提出问题会怎样呢？每进行一次这样的调用可能要花费一秒钟。然后，搜索系统就可以获得更完整的数据集，进行进一步的分析（比如对评级进行标准化，就是说Yelp上的四星等于UrbanSpoon上 85%的满意度），并执行一个绘图算法得出哪些餐厅在市中心，甚至开始到OpenTable上看看哪家餐厅今晚有位置。

搜索可以在它从所有这些来源找到的餐厅中导出一些特性，并提出问题让你回答，比如“有几个餐厅看上去比较吵，这会有影响吗”，或者“今晚你去餐厅的话，介意多走几分钟吗”。花费一秒钟和提问人进行对话能让系统给出更精确的回应。它也能考虑到我们引以为豪的所谓的人之不理性。系统无须理解为什么你喜欢更吵闹还是更安静的地点，只要知道你喜欢即可。通过提问，它可以微调给出的回答。

下一步就是进入你的社交数据。搜索可以查看你在脸谱网上“赞”过、在四方网上签到过的其他餐厅，并试图找出关联：“如果你以往喜欢的是这三家餐厅，你可能会更喜欢引擎构造列表中的这家餐厅。”无须人的干预，系统就可以做所有的一切，但毕竟还是需要花费几秒钟来对数据进行不同模型的计算。

目前的挑战在于，要是不立刻返回结果的话，人们就会放弃搜索（或者不断地点击搜索栏里那个放大镜图标）。这也就是为什么搜索工程师在那些看上去不像搜索的东西（比如Windows phone系统上的微软小娜或者Local Scout应用，它们都做到了我上文中描述的工作，但是要花几秒钟回应）中嵌入搜索科技会更成功的原因。因为它们看起来不像关键词搜索，所以用户觉得这样的时间间隔还是可以接受的。

我们还能将慢速搜索再推进一步吗？让我们接着看刚才的例子。如果我们给搜索引擎 30 分钟的时间给出答案会怎样？要是我们给搜索额外 30 分钟的时间，我们就可以利用云端资源的信息和构想。我们在社交网络上问很多问题，从来不会指望 200 毫秒内就会有答案。我们知道，只要我们愿意等，我们会得到更好的答案。要是搜索开始以你的名义在网络上提问会如何？于是当我需要搜索引擎在西雅图市中心找一家好的素菜馆时，系统可以询问我的一些朋友（他们也是素食者或者经常光顾素食餐馆），并征求他们的建议。他们可能不会马上回答。他们可能需要几分钟甚至几个小时才有回应，但会有一部分人做出回应。这些人做出回应后，系统可以如前所述，运行同等级别的计算分析。答案绝不会刻板。这是因为我的朋友对我的了解方式，是计算机哪怕有了那么多生成的数据后也不可能成功建模的。处于我的网络中的人给我的答案可能无法由哪个系统生成，他们可能知道我对价格的承受能力以及我爱吃的食物种类。比如我也许经常去高档餐厅，但那是因为我在出差，有人替我埋单。我的朋友们知道我比较简朴，所以他们回答的方式可能和我的生活更能保持一致。这要比只看追踪我的数字足迹的系统好多了。

提升了对我和我的偏好的了解后，引擎就不只能做到给出更好的建议了。如果引擎能更好地理解我们，即便是在搜索结果页面顶部看到的关于气象和交通的信息也能得以改进。如今，对于那些较晦涩的查询，引擎没法显示更确定的回应，因为引擎很可能对数据没有那么高的置信度，没法把它们放到页面顶端。引擎的做法是给搜索者一堆链接，把负担交给了搜索者，让后者去阅读页面并找出答案。

迪迈和她的团队研究的是用所谓的“答案跟踪”作为对此类问题的回应方式：“烤鸡的内部烘烤温度是多少？”或者“每磅火鸡要烧烤多久？”网页上有表格显示了这些信息，但是搜索者更愿意看到漂亮、简单的答案，而不是充斥着信息的页面，还要艰难地在其中浏览。使用慢速搜索的时候，我们可以通过识别出那些通常会导向网络的同一个页面的查询，而将一个任务分解。然后让一个人在页面中标注答案，再让别人写一段文字，另一个人校对，最后让某人将其发回给用户。如今我们可以花费几分钟做到这种程度，但这么做真的不像是在搜索。对于一个搜索者来说，如果他不知道这些后台的机制，这样的结果就像人工智能，但那其实更像增强智能（augmented intelligence）的产物，只不过这个增强作用是由人提供的。

对于人如何在搜索中扮演一个角色的思考，也让我们有了关于非人工增强的搜索系统应该怎样发展的洞见。按照研究人员霍维茨的说法，当今的医学研究成果需要 6—12 个月才能发表。而就算已经发表，可能还要花费 10 年的时间，全世界的医生才会知晓并采纳这一研究成果。在某些情形下，一项新的研究需要 10 年的时间才能进入医学实践的层次。

而如今，如果搜索系统可以存取所有的诊断信息，那么我们就可以在30分钟内做出一个诊断。搜索结果可以给病人或者医生提供信息，给出从医学上看会发生的各种可能。系统基于它拥有的数据可以给出它做出诊断的依据。例如，搜索结果可能注意到，在一篇论文中有这么一段文字特别指出，如果病人出现棕色斑点并感到麻木，那么就有很大可能是因为某个特殊情形。系统生成了一个假设并说明了它的理由。因此，现在我们的社会将医学信息传递的10年间隔压缩到了15—30分钟。这一切发生时，病人就坐在医生的办公室里。这要感谢搜索科技。

人可以弥补“小数据”造成的错误吗

虽然我们在之前的章节中看到了数据爆发，但是我们的数据仓库还是相对比较空的。没错，数十亿设备为网络上的现实世界模型贡献着数据，我们每天的在线工作创建了越来越多的信息。而要想知道悉尼的一只蝴蝶是否扇动了翅膀，搜索离这一步还很远。我们预测未来的整体能力进入了一个科学家称为“偏差–方差权衡”的境地：系统试图更精确地定义搜索者可能喜欢什么，以及会怎么做，但是它们必须用到的数据量却突然不见了。为什么？很简单，因为关于个人的数据不像涉及群体的数据那么多。因此，系统越是尝试根据越来越小的数据分块来进行预测，统计数据就会越来越不准确，犯的错误会越来越多。

科学界有不少这样的例子：少量的样本产生了愚不可及的预测。其中有一个很出名的例子牵涉理查德·皮托爵士。他被要求将有关阿司匹林治疗心脏病发作时的疼痛的效果的研究进行分类。如皮托所说："研究涉及大约 17 000 个心脏病患者，他们被随机分配并进行对比实验。在安慰剂组有 1 000 人死亡，而在阿司匹林治疗组有 800 人死亡。在死亡率上两者相差了 5 个标准误差。这个结论很了不起。"

这个差异确实很大，但是学术出版社拒绝发表该结果，除非皮托的团队能表明哪一个细分组（老人/年轻人，黑人/白人，男人/女人）能从该项研究中受益最大。团队知道他们手上的数据太少，不能就此做出有意义的预测，也就可能造成假阴性错误，因此拒绝了出版社的要求，但出版社坚持这个要求，于是团队决定按照患者的星座来进行分组。事实上，他们的分析表明，对于天秤座或双子座患者而言，阿司匹林不起作用，但它对摩羯座患者的效用显著。诚然，如皮托所言："这简直是胡扯。而事实上，大量的分类分析就是胡扯。"

所有这些都表明，除非我们有能力计算出蝴蝶何时在澳大利亚扇动了翅膀，并且获取足够的数据以避免偏差–方差权衡，否则在搜索过程中利用人的帮助就是合理的：因为我们能在有限的数据中找到理性的方法，这是机器做不到的。

是快是慢，它就在那里

如果我们回头看看到现在为止所探讨的东西，似乎被视为"铰链"的下一阶段搜索不仅是可能的，而且是必然的。哪怕我们在 5 年内不能达到《星际迷航》中电脑的水平，很多中间步骤（比如在搜索中引入人的帮助，建立某些特定领域的专家系统）会让我们来到近乎魔幻般未来的边缘。哪怕我们对这一未来何时到来意见不一，但有一点确凿无疑：明天的网络以及搜索会和今天的不同。

第5章 搜索能给我们带来什么？

SEARCH

与我的Martian智能手表对话，比如问它一个有关足球运动员的问题，它就能将我想要的所有信息用易懂的语音传递给我，这样的想法自从科幻小说兴起时就有了，但这一能力如今看来实在很平凡。在我看来，搜索赋予我们超级力量，一种我们几乎无法理解的潜力。

我们已经看到，搜索能做到的和已经做到的已经远不只回答一些琐碎的问题。机器智能和设备智能将最终整合世上的一切，为我们找出方法，让我们更清楚在特定环境中应该采取怎样的行动。

如今的系统还是分离的，但未来的搜索会让系统互联，并优化我们的世界。目前，你的空调系统还不能和你的百叶窗通话让它降下来，以便节省电费。你的汽车也不会和红绿灯通话，重新规划路线绕开一个路灯坏了的路口。先不说这些系统目前还没有任何方法互联，就算它们能互相对话也不会产生影响，因为它们各自的语言都不相同。

搜索系统能够也将会提升机器层面的智能。在未来，你的空调系统会注意到你的公寓越来越热，于是通过搜索查询来理解为什么会这么热，并意识到是因为太阳光从窗户里透射进来，然后就会向搜索提问怎样才能阻止太阳光照进来。最后，由于搜索告诉它在窗户上盖一层不透明的遮盖就可以反射太阳能，而且搜索知道窗帘就是不透明的，空调就能告诉窗帘把自己拉上，直到温度开始回落。系统将能理解现实世界，并代替我们采取行动。

假定我们现在已经有了这样的系统，那么问题就变成：我们应该怎样融合这样的超级能力并有效地使用它？我们必须重新思考搜索是什么、人们应该如何使用它以及我们对它的需求是什么。如今的搜索给了我们想要的，而不是我们应得的。随着我们迈开大步，我们将从现在的此处走向我们应在的彼地，我们在后续的章节还会探索某些这样的能力。

搜索将增强现实

一旦搜索成为世界的一部分，而不仅是观察者，我们的周边环境就将被有关信息“点亮”。科技初创公司Estimote正致力于结合各种传感器，从而提供由数字化激发的关于现实世界的智能。小型信标会被安置在各个零售网点，并借助低功率的蓝牙和客户的移动设备交互。

这些信标有两个作用。首先，它们使商家可以向客户推送基于位置的个人提醒。比如你路过一双在售的鞋，就可能得到提醒说鞋子在打折。在未来，由于这些设备和智能搜索关联，所以其对世界和你的爱好都了如指掌，这样的提醒就会建议说这双鞋和你上周买的裤子会非常配。除此之外，这些传感器还能跟踪客户对货架上的某个物品注视了多久，在特定的过道待了多久，以及他们在商店里遵循什么模式。这是最令人目眩神迷的例子之一：将现实世界中那些廉价的传感器（如我们第 1 章中的讨论，现在已经有这样的传感器了）与无处不在的智能手机结合，既提升了物理体验，又不需要用户更改他的习惯。我们的目标是帮助传统的零售商建立类似亚马逊这样的体验，让客户更有效地找到物品。更重要的是，让系统基于你的兴趣或过往采购记录，推荐其他你可能感兴趣的产品或服务。这个场景是我们进行在线购物时习以为常的。

依靠来自网络的智能搜索将“点亮”我们周围的世界。

硬件与下一代搜索的结合也在理解人性（我们的行为和行动）方面有了前所未有的进步。比如微软的Xbox One终端允许你用语音和手势去控制电视。而使这一切成为可能的Kinect传感器也有一些独特的功能。Kinect的硬件非常先进，它无须接触就能在整个房间内检测心率。它能看到你的手势、你脸上的表情、你看向何处等。很容易想象这样的未来场景：你会要求Kinect帮你找一些东西在周五晚上看，而不是依靠你在Netflix（在线影片租赁商）队列中标记出来的你喜欢的电影。Kinect系统根据它建立起来的一个模型加以挑选。这个模型的基础是你在看哪些电影时有了情感反应。一个基于你心率的变化、哭笑的频率、在观看整个放映过程中是否一直全神贯注等而建立起来的模型，让Kinect更好地了解你到底喜欢什么。我也许会说我喜欢《鸽之翼》，我对所有人可能都是这么说的。但我在周五晚上独处时，Kinect也许会知道我其实更想看《空中监狱》，因为系统已经注意到我在周五晚上是非常喜欢看动作片的。

诸如Oculus Rift（头戴显示器）和谷歌眼镜这样的设备带来的全增强体验或半增强体验也指出了未来发展的方向。关于这个主题已经有不少书籍讨论过，包括罗伯特·斯考伯和谢尔·伊斯雷尔合著的《即将到来的场景时代》。而这对于搜索的影响尤其深远。怎么会这样呢？你注视一个对象并让系统告诉你它是什么，这不只在技术上是可能实现的，谷歌眼镜上有个类似的应用FieldTrippr已经上市了。戴上谷歌眼镜的人只要说出“好的，眼镜，看看周围有什么”就能启动应用。该应用会明显标注周围的重要地点和餐厅，还有穿戴者的位置等。这些信息来自100多个出版公司关于城市构造、历史事件、小道消息的记载。

随着公司开发出更好的观察世界的设备——不论是放在我们眼前还是我们身体某处——搜索系统就能告诉我们以前不知

道的东西，充实我们的自然存在，而且是主动地去做，不用我们提问。

最终，类似微软研究院研发的Project Louise（自动化个人数字助理）这样的系统能为我们的日常对话补充即时信息。想象一下你正在用Skype（即时通信软件）与人通话，而当你讲话的时候，系统（获得了双方的许可）在后台聆听。你告诉你在北京的同事，在他周五抵达后会带他去吃一顿大餐。系统被动地检测到了你的意图，实时地找到了一家餐厅，并在你说话的时候向你呈现。这样一来，搜索用一种和平时一样的方法让大家获取信息和服务，实实在在地增强了现实世界中自然的人际交互。

聚焦：Zemanta

Zemanta是一个为你提供内容和链接建议的插件，已经安装在数百万个博客上。系统会观察作者的写作，并提供现实世界的知识给予支持。比如你正在写一篇关于“猪湾事件”的文章，Zemanta判断出你在讨论一个历史事件，并问你是否愿意用嵌入的知识来增强读者对这个词语的理解。你在写作文章或者博客的时候，系统努力去理解你的知识，并提供来自更广阔世界的知识。Zemanta只是一个例子，但是它让我们瞥见搜索作为一系列感知和技能而非一个填满关键字的空白文本框，将具有多大的影响力。

搜索将增强我们的自然能力

想象一下，若搜索系统能更好地去处理信息和任务，我们的大脑就能获得解脱。我们在第 3 章中谈到，这种新模式的搜索能让我们把对周围数万亿数据的分析外包出去，能大幅提升我们的生产力和快乐指数。就像智能手机免除了我们用大脑记住电话号码的负担一样，新一代的搜索平台将使我们把如今需要关注的东西有选择地、悄悄地卸下来。

想想看，这该有多自由？我们不但永远不会忘记任何东西，而且不用去想“我们永远不会忘记任何东西”这个事实。微软研究院的杰出科学家迪迈向我描述了一个很有趣的项目。她的想法是，如果系统知道你看到的每样东西，而且知道你有多久没再看到这样东西，它就能对你有多大的可能性会忘记那样东西做出一些推断。这怎么可能呢？在过去（10 年前），一台眼球跟踪仪需要花费 4 万美元，它能检测某人是否在盯着一个屏幕看。当搜索时，我们大量使用眼球跟踪仪来了解网页中的哪些部分是人们关注的。如今，这样的设备只要花 200 美元就能买到，而每台台式电脑、掌上电脑以及手机中内置的网络摄像头正飞速地变得越来越好，足以不靠特殊设备就能做到眼球跟踪。

想象一下，你将不会忘记任何东西，或者更确切地说，你不用再记住任何东西。

眼球跟踪能力为什么重要，又该如何使用？我们假定你在看一个新闻页面或者一系列搜索结果。你每次访问该页面的时候——哪怕这个页面是你经常回访的——你还是不得不找出自从你上次访问后页面有哪些地方更新了。换句话说，即使你看到 NBC（美国全国广播公司）新闻页面顶端的导航链接已经不下千次，但在第 1 001 次访问的时候你还是要花费一点儿认知负荷去看看是不是有了什么改动。作为人类，我们早就学会过滤掉那些不大可能发生变化的信息，但万一发生变化了呢？通过眼球跟踪，系统知道你每次来访问页面的时候看了什么。而每次你回访的时候，它能为你突出显示那些变动的地方。

在另一个应用中，系统会知道你已经读到一篇文章的哪里，并会从你上次读到的地方开始显示，而不用你记住读到哪里再找到那个位置。最终，这对学习也有深远的影响。使用眼球追踪和语义理解，系统就能动态调整，并教给你一些你可能不知道的东西。如今，即使你已经了解了一篇关于美国竞选进程的文章中 90% 的材料，你还是得找出剩下 10% 中你不知道的。这意味着你必须通读全文，但你真正想看到的是能为你带来最大边际效应的那部分。让你对可能不知道的东西进行学习的系统是可以被制造出来的，在未来也一定会出现。

眼球追踪系统能比用户自己的生物记忆更有效地提醒用户。初步研究表明利用概率模型能够预测某些你看到过但可能忘记了的东西，它们是如何基于某个特定条件而关联的，以及如果系统中断你的工作给你一个提醒会对你的注意力造成什么影响。

我之前提及的霍维茨博士建立了一个系统，叫作“生活浏览器”，能在个人信息的海量存储中遨游。他保存了将近 20 年的个人通信与工作通信、文档、照片和视频，然后对其进行索引。我永远不能忘记的是我第一次见到这个系统的情景。约在 2007 年，他把我的名字输入系统，系统只用了一毫秒就弹出一封我在 1998 年发给他的电子邮件。而更令人印象深刻的是，生活浏览器能强化霍维茨对那次通信的记忆。它还提供了一张照片，是那个时候霍维茨参加一次婚礼时拍摄的。所以那不是单纯的搜索——如今的云端电邮系统也能相对轻松地做到这一点——而是一个私人数据的全面整合。记忆因此被推动，你将能更完整地回忆那次互动。我们还不知道大脑或者记忆的工作原理，但是我们确实知道细微的刺激能使潜伏的记忆重新出现。

生活浏览器的工作原理是通过使机器学习技术来判断对用户来说重要的是什么。《麻省理工科技评论》做了一个很好的解释：

> 在对照片进行判断时，生活浏览器在图像文件的属性中寻找线索，比如文件名是否改过、闪光灯是否打开等。它甚至使用机器视觉算法来检查照片的内容，从而知晓照片里有几个人，照片是在室内还是室外拍摄的。同一个时段拍摄的照片会被看作一个组，以此发现诸如一个事件持续多久和照片拍摄的频率等线索。

系统的编排不仅是获取日期、任务或主题，而且还要找到系统认为有助于某人完全回忆起当时的场景所需的“地标”。扩充这一能力到提醒并补充你在现实世界与人、地点和事物交互的系统中后，我们就能够意识到“能力网络”与个人数据的联合将释放怎样巨大的潜力。这一平衡多任务处理（作为人类，我们确实不擅长这个）、注意力（系统应该何时介入）以及记忆（你是不是有可能把这个忘了）的能力，将以非常个人化的方式扩展我们的自然能力。

搜索不仅是找到存在于过去的东西，还要预测将要发生的事件。

聚焦：了解未来

科学家马克·戴维斯开创了很多人机交互模型。他为我们描绘了一幅有趣的景象：搜索不仅被用来获取信息或者匹配意向，而且还可以预测并强化未来的意向。比如，它有能力知道我抵达了某个地方，并且基于我的模式和搜索对我的了解，知道我大概接下来要做什么。

按照戴维斯的说法：

想象一个典型的会议场景。我想读完一封会议组织者事先发出的邮件，但是邮件并不在我的手机的日程安排上。如果我在家，我可以搜到那封邮件（并阅读），但是我可能在骑车，所以没法做到。

> 真正聪明的系统会这么做。既然我骑车从我的理疗师那里回家准备开会，系统应该通过我的手机上的耳机为我读出这封邮件，因为系统知道就在此时我有足够的时间通过聆听事先了解会议情况，从而处理这些信息。

诸如Refresh和Humin这样的应用大概能提供这样的服务。系统会说："这是你今天要见的人。这是他们每个人的信息。"目前，系统还只能给出人物简介，但如果它对人的了解更多呢？如果系统知道我计划讨论的内容以及应该如何事先准备会怎样？如果它能根据谁参加会议以及我们上次在邮件中讨论的内容，提示我在开会时应该提及的一些要点会怎样？转眼之间，我们不再把搜索看作一个单纯的信息获取系统，而是视为一个对我可能想要知道的东西了如指掌的代理，进而从中获益。

搜索将带来实时决策

想象一下，能实时地借助全世界的知识集合来做出更好的决策，将会多么好。更有意思的是，想象一下几年前新闻是怎样报道的：新闻社发现了一个事件，于是分配记者去搜集事实，写文章，并于次日见报，或者几小时内登上电视，或者一小时内发布在网上。显然，从事件发生到报道之间的时间会干扰你做出更好的决策，并彻底影响你的快乐程度。有了实时社交媒体的更新（我们现在具备处理能力使这些信息有意义），事件和决策之间的时间能被压缩到只有几分钟。阿尼鲁达·库尔是微软研究院的研究员，之前曾就职于雅虎。他举了一个很好的例子，说的是 2013 年 4 月洛杉矶国际机场发生的枪击案。

> 洛杉矶国际机场枪击案发生的那天其实很平常。枪击发生后，人们开始在推特网上讨论此事。他们的朋友看到后加以转发，或者加上一些评论，如“希望大家都平安”。10—15 分钟之内，媒体开始接到电话，并开始在自己的推特网账号中记录。第 20 分钟，关于枪击的第一篇文章已经出现。
>
> 现在，从事件发生到第一篇文章出现，存在着 20 分钟的间隔。从此时开始到其他新闻媒体跟进，又过了大概 10 分钟。直到第 30 分钟，其他的报道才开始出现。电视媒体开始跟进的时间是在第 35 分钟。很容易就看出，即使是突发新闻报道，从事件开始到真正成为媒体的趋势，存在一个很大的间隔。

库尔让我们想象一下改用实时社交媒体中存在的大量信号，情况会有多大的改变。他说：“用这些消息源作为信号，我们可以在 10 分钟内检测到异常。”这意味着，我们只用 10—20 分钟的时间就能向人们通知事件的发生，比他们通过别的途径的了解要早——当然，他们得一直关注常去的新闻网站才行。“想象一下，你正在机场或者正要去机场。如果你得到一个警告说，那里发生了什么，虽然还没有新闻报道，但我们认为肯定发生了什么。这会是一个非常好的用户场景。”

在某些特定领域，我们已经能看到这一能力的各种呈现。比如地图应用Waze利用手机监控车辆在道路和高速公路上的速度，并将这些数据汇总以提供实时的路径导航决策。它甚至将警车司机、摄像头或其他路况信息都加以利用，从而使平台的其他用户都能得到这些信息。

这种技术的应用一般是如何检测到问题的呢？比如为什么洛杉矶国际机场发生枪击事件的时候某个特定的系统会有所反应？它本来不会这么做，但是根据趋势和突然出现的峰值（它们可以将其与该实体的常态进行对比），系统能发现异常情况的发生，并委派其他机器更进一步地观察所有它们能存取的数据流。

超人类的搜索

我希望大家都会同意这一点：即将到来的搜索时代有潜力为我们的工作和娱乐带来实实在在的进步。我个人就很兴奋地看到，霍维茨博士的记忆增强过程帮助我毫无困难地想起一些事情，否则我下次见到他时不得不发问；迪迈博士的廉价眼球追踪科技使我在切换设备的时候，可以续读我在坐火车时阅读的文章；我只要看一样东西，就能发现更多的相关信息……这些都让我兴奋。举重若轻之间便获得这个世界的整体智慧和知识，这看起来太美妙了，或许这最终是互联网的应许之地。

在某种程度上，它正是如此。

我们不会因为开发搜索的公司的漠不关心就满足于如今的搜索。实实在在牵制着这一愿景的，是技术、人员和社会方面的挑战。那是什么让我们裹足不前呢？

第 6 章 谁拖了搜索的后腿——技术

SEARCH 

下一代搜索应许的数字化乌托邦还远远没有到来。通往这一高层次、搜索无所不能的道路上还有众多阻碍。但是，针对每个阻碍的研究都产生了众多想法，诞生了新的公司、学术机构和研究项目。它们带来的不仅是完全不同的社会，还有世界财富的下一个汇聚之处。本章和下一章将重点描述拥有搜索超级力量的新世界所面临的挑战。首先我们要看的是技术障碍，而在下一章，我们会谈及从已知世界走向我们追求的未来时伴随着的商业和社会现实。

信息孤岛

阻碍有益和具有预测性的“铰链”，即让人类以计算机的速度思考，同时还让人不失去自我，其发展的一个主要挑战是对数据的存取和拥有。我们已经讨论过，人、设备和服务产生的数据量的增长速度惊人。但不能因为数据存在就认为我们对其具有同等的存取权利，我们也不应该如此。

想象一下亚马逊拥有你的购买癖好的数据，或者脸谱网中有关于你的联络和喜好的信息，或者IRS（美国国内税务局）知晓你的抵扣项和每年你的慈善捐赠，或者你的信用卡公司掌握了你如何消费的数据。所有这些情形中，这些公司或部门“拥有”这些数据。有人可能会说这些数据实际上是由创造这些数据的人（也就是你）拥有，但是我们使用的这些服务很多是免费的，所以我们原则上转让了这些数据的独家拥有权。我们下一章再详细讨论这一点，暂且先把拥有权的讨论放一放。事实是，这些公司和部门搜集并保存了有关我们的海量数据，只是没有随意地分享而已。

这么做至少有几个理由。公司希望通过利用这些数据来获得竞争优势，而客户通常不想在未获批准的前提下共享他们的信息。但是这些约束的结果就是我们无法获得真正开放和强大的搜索形式。从客户角度看，这意味着你不得不一再地把你的偏好和标识信息（邮政编码、爱好、电话号码等）告知各项服务。这也意味着服务不能更有效地基于你的需求而定制。更不方便的是我在亚马逊的购买历史（以及我会买好多电子设备的事实）不能带到它中去。Kickstarter要是有了以上数据，它就可以向我推荐我也许愿意资助的有趣项目。或者我在iTunes（数字媒体播放应用）中的购买记录不能用来在StubHub（在线票务网站）中触发提醒

（我关注的那个乐队到本地来演出了）。

如果公司只掌握你的数据档案的一部分，就削弱了搜索的有效性。

从公司角度来看，要考虑从第三方数据商（比如Experian或Intelius）那里购买数据需要花费的金钱数额。有了这些数据，公司才能得到更完整的客户档案。就因为小公司无法利用那些大公司才能利用的海量数据源——这些数据能使得这些小公司为客户提供会让他们的生活更美好的东西——它们最终浪费了多少客户忠诚度？好多公司把这些数据据为己用，这会获得短期收益。但若它们能共享数据或者至少能访问客户许可这些公司获取的数据的话，将会带来巨大的收益。

想象一下，你作为客户和用户，若拥有所有的数据并保存在一个特殊的地方，你就可以和多个不同的线上和线下公司交互，来填充受你控制的个人档案。我们在下章会讨论在该领域所做的一些工作，其潜力是惊人的。

你的档案

为了创立一个统一的数字档案，我们已经做了一些努力。比如“脸谱登录”，它使应用开发者具备了利用脸谱网众多档案中丰富资源的能力。我们作为用户花了大量时间在脸谱网上积累我们的档案数据，能将这来之不易的数据加以利用确实是前进了一大步。但是，使用脸谱网作为其登录机制的应用或者网站却不能真正地丰富这个统一的档案。换句话说，要是你用Taxi Magic应用叫出租车，那么“你总是在同一个位置叫车”的事实不会被通知到脸谱网。从本质上说，你还是在一个出租车应用中创立了一个信息的孤岛。一般而言，这些信息无法被其他应用使用。

公司不想分享他们客户的数据有很多充分的理由。美国以及其他国家有严格的隐私保护法律，那些泄露用户信息的公司会受到严厉的惩罚。也没有任何公司愿意让坏人得到客户的信息，帮助使它们在物理世界或者数字世界中进行犯罪活动。

理想的情况是，我们需要一个中间人与这些信息孤岛沟通。搜索系统可以在很大程度上扮演中间人的角色。只要能存取你所有不同的档案，搜索就能扮演一个城市中间人的角色：它不会保存来自这些孤岛的各类信息，只是在必要的情形下帮助进行存取并完成某个任务。比如你在梅西百货，想买一双鞋配你上周在诺德斯特龙买的一套衣服。搜索可以处理这个请求，但你得给它权限才行。所以如果你身处梅西百货并提问：“哪双鞋和我上周买的衣服比较配？”搜索就会知道你在多个商店都有账号（亚马逊，Bluefly时尚购物网站，诺德斯特龙），并提示你它需要你的允许来和这些商店的网络服务沟通，从而知道你上周买了些什么，然后才能进行必要的计算，并就梅西百货的库存鞋品中哪些能配上你最近的采购给出建议。

所有这些在技术上都是可行的。站点可以提供标准的方法来调用客户的数据；你所信赖的搜索服务的认证机制能和这些站点交流；花了时间和金钱来搜集你的数据的公司还能使用这些数据达到它们的特定目标。但是，如今要这些公司或者代理这么做的好处看似很不明确。当然，肯定会产生一个新的产业，在客户的允许下，能让数据在由这个领域的众多玩家维护的各个不同的档案中得以共享。业界标准的规章（比如赏金或者为推荐客户支付酬劳）可以成为这一合作的模型。但是，还是需要有一个系统让每个人——包括客户——从数据共享中受益。

硬件孤岛

在未来的搜索中，还有一股黑暗力量：公司越来越喜欢用硬件来建造沟堑，从而提供它们的服务。也就是说，通过对设备或者物体的选择，人们将其大部分数据保存在一个封闭的系统中。我的预测是，很快会有一个公司或者企业家建立一个公开授权的硬件平台，包含基本的无线网络，并提供硬件、软件、支持以及作为支撑的服务站。他们提供的这一硬件解决方案会很便宜，甚至对于那些承诺使用该公司后台来提供设备所需服务并保证会整合该公司更大的搜索、订阅和广告平台的制造商完全免费。这听起来很了不起，但是这样的举动很可能创建另一个用户数据孤岛，我们的终极搜索梦想也就无法实现。

安全或不安全

如果还能有什么事让我在这日益互联互依的设备世界里夜不能寐，那就是安全这个严重的问题了。我们在传播流行文化的Showtime频道上看到《国土》连续剧中副总统使用的起搏器遭受了致命打击。而按照某些黑客的看法，除了攻击者和副总统之间的距离不能让人信服之外，这件事显然是做得到的。

在现实生活中，黑客如果控制了连接到互联网的婴儿监视器，就能对小孩污言秽语，将摄像机转个角度来更好地观察房间，甚至能和听到奇怪声响后进屋的家长打招呼。

至于怎么远程操纵网络摄像机的故事就多了。黑客甚至能够做到激活相机而不用打开相机工作指示灯（你现在知道大家在笔记本电脑的摄像头上缠胶布的原因了吧？）。但是这个情况和另外两个不大一样。入侵未打补丁的电脑从它出现时就开始了。真正的进步——如果我们称其为进步的话，是如今的坏人们正在努力控制我们周围数以亿计的传感器和设备。而且，和计算机操作系统不同的是，这些设备通常没有升级功能，甚至不会有公司来为设备升级以抵抗入侵。

设备变成新的攻击方法这一问题在2014年年初就由安全专家布鲁斯·施奈尔做出了准确的描述。他强调了这么一个事实，即所有这些我们携带或者在家中、车中安装的小设备通常都用到很小的芯片，这些芯片必须很低廉才能使得最终产品的价格便宜。而因为这些芯片很便宜、利润也低，制造这些芯片的公司所做的工程设计就少而又少，但它们还想通过添加性能来与众不同。这些设备的制造商通常对价格和制造性进行优化，但就算这些公司把它们的名字印在设备上，它们所做的也不过是在这一堆芯片和硅材料上加了一层用户接口而已。

让我们与网络连接并互联的设备也在威胁着我们。

这样一来，这些“魔鬼设备”的安全性就变成了我们面临的挑战。也就是说，没有任何公司能负起最终责任或者有任何动力进行各种工程设计和更新。而这些是软件公司已经做了10年之久的工作。即使设备中安装的芯片是新的设计，在其上运行的软件——它驱动着我们的路由器、智能交换机和越来越多的设备——也可能是老旧的。正如施奈尔所说：

> ……即使设备是新的，软件也还是旧的。比如，我们对常见的家用路由器做了一个调查，发现其软件部分比硬件陈旧4—5年。最新的Linux操作系统已经是4年前发布的；Samba文件系统软件则已经用了6年。它们有可能都打上了所有的安全补丁，但更可能的情况是没有。因为没人做这件事。有些零件是如此陈旧，以至不再会有补丁出现。这样的补丁特别重要，因为安全隐患在系统层面“更容易”被发现。

哪怕我们对设备已万分小心，然而我们放进设备里的东西

（存储卡、USB设备等）也可能给我们带来风险。我几乎可以预见到，会有这么一个特别的电子行业专门来跟踪电子产品的谱系，并有专门的工程团队来保证这些东西是安全的。最近出现的快闪存储器MicroSD卡（或者任何类型的闪存）可以说是这些例子中最有趣的一个。我们在计算机、照相机、摄像机或者其他我们需要额外容量的地方都会用到。但是它却能变成危害我们的特洛伊木马。另外，由于价格是生产商制造和消费者购买时的一个主要决定因素，闪存通常会来自多个供应商。于是，厂商发现存储器中有很多重大问题时也不会感到特别奇怪。真正的无错存储成本高昂，没法大批量生产。于是生产商转而依靠这些芯片里的微处理器来处理这些廉价存储器产生的错误。

安全研究员安德鲁·黄认为："在当今的现实中，微处理器会达到100 MHz（兆赫）的性能水平，而且还有若干硬件加速器相连。而令人惊讶的是，在设备上添加这些控制器的费用，按照批量不等，大概是0.15—0.30美元。"别忘了，100 MHz是20世纪90年代后期一台价值3 500美元、能运行Windows 98系统的电脑的速度。

更糟糕的是，这些微处理器的设计很特别，生产商可以很容易地升级并写入特定的算法来处理内存中损坏的扇区。这就是说，随便哪位参加过最近一届DEF CON黑客大会的研究者都可以轻易地侵入这样一个微处理器，上传一小段的计算机程序，而这个设备将忠实地执行。这样的攻击制造了几乎无法被检测到的"中间人攻击"的情形，设备输入和输出的任何东西对攻击者而言是完全开放的。

解决方案很难找，但威胁却实实在在。为了在用户中树立信任，产业应该采取行动，在设备以及为我们监视这些设备的系统上提供尽可能多的安全措施。

淹没在数据海洋

和一般想法不同，数据的存在并不意味着搜索系统就能对这些数据怎样。必应每天从脸谱网收到 30 亿个更新（那是脸谱网在 2013 年年底每天产生的大约 50 亿数据的一部分）。每个更新都富含信息（时间、地点、人物、链接、评论等）。只是想想这些数字，就很容易丧失对数据量尺度和数据能派上什么用的理解能力。

今年，人类将创造等同于 1 000 亿个内存 32GB 的 iPad（苹果平板电脑）容量那么多的数据。

2014 年，人类将创造 3 泽字节的信息，相当于 1 000 亿个 32GB 内存的 iPad 的容量。要是把这么多的 iPad 堆起来，大概可以造成 4 个万里长城。或者换个角度来比较，3 泽字节相当于每个美国人每分钟发送 3 条推特，连续发送 3.8 万年。我再强调一下，这只是我们今年（2014 年）会创造的数据。而更让人吃惊的是，到 2015 年，这个数据会翻倍。

看起来我们似乎处于矛盾中：一方面是近乎无限的计算能力，另一方面则是要处理的数据太多。虽然打赌说计算能力和速度会持续不断地发展是一个好主意，但是IBM著名的Watson——就是那台在2012年参加《危险边缘》打败人类选手的电脑——的故事很能说明问题。按照数据科学家库尔的说法，IBM工程师几年前建造Watson的时候，系统需要花差不多一个小时才能回答某个问题。差不多一个小时啊！

工程师花了3年时间，通过改进算法和系统并发来提升速度，让Watson达到平均2.5秒钟回答一个问题的水平。又是什么让Watson拥有如此的能力呢？答案是90台服务器、2 880个处理器、16TB（太字节）的内存（存放所有的知识）。Watson重18吨，需要10台空调当量的冷却设备来产生40吨的冷却能力。它甚至还没有和互联网连接。而在2008年的时候，它每次还只能处理一个问题。

IBM的Watson需要10台空调让它保持足够低的温度，且一次只能回答一个问题。

库尔说："我们想象一个现代的搜索系统每秒钟可以处理上万条查询。再想想Watson要花2.5秒钟来回答每个问题，而且每次只能回答一个，你就知道它很难扩展成为一种现代的搜索体验了。"

到了某个特殊的时候，我们就必须和物理定律打交道了。要是系统不得不遍历 9 个不同的信息图，分析 100 个网页，还要推断出页面中的主要实体并应用一个自然语言过滤器来获取搜索者正在找的所有东西，我们就差不多到了这样一个阶段：系统内部和远程系统间的调用数量本身就意味着只是处理额外任务就要花上 20—30 毫秒，之后才能开始进行真正的运算！

正因如此，各公司总是希望建立自己的知识库（Watson就有 16TB的网络存储空间），这样才能减少这些智能系统必须与之交流的其他机器和网络的数量。但就算如此，也不敢保证这足以超过数据的生成量。

平衡的诀窍

库尔再次为我们提供了洞见，来处理海量数据，并解决数据超过我们处理能力的问题。他提到了最令人兴奋——我对此感到很兴奋——的应用之一：家庭里的能量管理。为了理解我们能得到多少数据，让我们假定你家里的每个插座都和一个“智能计量器”通信。在大数据时代，我们都希望尽可能搜集每个读数。也就是说，由于我们电力系统的工作频率是 60 Hz，我们每秒钟可以得到 60 个读数。把它乘以一小时（3 600 秒），然后再乘以家中所有的插座数量，你就知道只是一个小时创造出来的数据量将有多么惊人。

因为我们从来没法判定哪些数据会有用，所以传统的做法是将所有这些数据都加以捕获。考虑到过去两年的数据爆炸，这个模式看起来不那么讨人喜欢。库尔回想起 5 年前他还在卡内基–梅隆大学工作时，试图处理 1%的实时推特数据，而结果是一年内他的电脑烧坏了两个处理器，还出现了多次硬盘故障。

谈到数据和家庭能量管理，库尔是这么认为的：

> 我一直在研究机器学习的问题。基于智能计量器搜集的数据，我们实际上可以预测你什么时候启动了烤面包机或者洗衣机，而不用真正地去问你启动或没有启动什么。这一知识基于电力消耗出现尖峰以及你在家中启动某个电力设备时电的频率如何变化。电力公司希望知道这一数据，因为如此他们才能真正知道如何为峰值电费定价，如何更好地发电和服务，以及怎样才能不浪费产生的电。为了找到这样的模式，一开始他们只能记录下一切。

你看出这里的问题了吗？电力公司有一个关于电力使用的特定问题。如果公司能拥有每一毫秒的数据，就能找到所有的答案吗？你很容易这么想，但是公司很快意识到这个任务本质上有多么可怕。而且，如果你要找的只是状态的改变（线上的尖峰或者频率改变），跟踪一切数据也没有道理。同样，保留那些相距状态改变有几个周期的数据也没有任何意义。

库尔意识到，他不用记录所有这些 1/60 秒的数据，而应该以分钟为间隔来分析数据。在这一细节层次上，他能看到一个设备在某个时刻启动或者停止。而过了一两天后，他会删除之前的数据（因为不值得保留了）。科尔说：“所以这么说吧，哪怕我们可能在物理意义上存储了所有这些数据——我们有硬盘空间来做到这一点——但是事后明白怎么来处理这些数据将涉及非常昂贵的计算。”

通过汇总的方法，库尔能达到电力公司的目标，但无须在相对无用的数万亿数据中进行挖掘，而且也没有必要。他还能看出数据展现出来的模式，却是通过分离出时间线中感兴趣的部分，建立这些时刻的模型做到的。而模型一旦完成，就将其他噪声数据弃之不用。

但他的示例不只是展示了聪明的数据挖掘技术，而且还指出了这样一个事实，即，我们需要认真思考一下我们创建的信息。库尔认为，我们进入这个搜索新世界的时候，应该考虑我们想达成什么，并搜集数据来支持这些目标。我们不必搜索所有可能的数据（然后面临随之而来的风险和复杂性），而是应该只搜集达成我们想要结果所需的数据。我知道，这听起来就和当初那些怀疑论者所说的一样傻：“谁会想要他们的电脑内存多过 640KB？”我们很容易被眼下的限制束缚，设计出反映了现如今的未来场景。我们很有可能在量子计算上获得突破，于是围绕着数据处理的恐慌将变得毫无意义。但到了那时，我们必须自问是不是真的需要所有的数据。肯定有人会提出，数据量会威胁到个人自由，所以为什么还要考虑全部保留呢？

大数据：数量真的很重要吗

尽管我在之前的章节写了那么多，但我们不应该让自己有这样的虚幻想法：数据是万灵药，能让我们确定无疑地预测未来，以 100% 的保真度来帮助我们。纽约大学教授兼微软研究院首席研究员丹娜·博伊德是数字自我、社交网络和大数据方面卓越的理论家。她在 2011 年的文章中就正确地指出，将所有一切看作都能加以量化的企图是非常危险的：

> 当研究人员尝试将社会科学的发现构建成技术系统时会出现惊人的错误。一个经典的案例是Friendster公司将罗宾·邓巴 1998 年的研究付诸实践。通过分析人类的闲聊现象以及猴群中梳毛的习性，邓巴发现在任何时候，人只能主动地维持 150 个关系。他认为这个数字代表了一个人个人网络的上限。不幸的是，Friendster认为人们在网站上会复制他们现有的个人网络，于是它们推断没有人会有一个超过 150 人的朋友列表。于是，它们把系统中某人可以有的“朋友”数量加上了限制。

我们都知道Friendster后来结局如何。正如博伊德指出的，数据量大并不意味着它一定完整。真正的统计样本需要来自（随机或不随机）控制样本。大数据来自在网络上发声的数十亿人和传感器，却充满了非连续性和破碎，还有错到离谱的数据。同时，如博伊德所说，如果我们将数据图连接在一起，这些错误也能很轻易地混杂在一起。

大数据不一定总是完整的数据。

细心的研究人员总是会担心他们手上数据有偏差，因为他们根据数据来建立假设，设计实验。如果他们得到的数据不健全、不完整，甚至只是互联网上那些吵吵闹闹的人（设备）提供的临时数据，他们也无法知道信息的来源，那么研究人员从数据中得到的结论就很值得怀疑了。举个例子，想象一下某个系统搜集了你在台式机上某一天的所有浏览数据。它注意到你喜欢讲述意大利度假的网站。如果这就是系统的所有数据，它可能对你得出的结论（你喜欢意大利）也可能不正确。它忽略了其他设备上和你在其他日子里的浏览历史，系统给你建立的档案也就错得离谱了。

最后，博伊德还说，大数据“……鼓动了‘关联症’的发作：在没有模式的情形下看出了模式。而这只是因为大数据能产生出方方面面的联系”。这让我们回想起那句古老的格言：“谎言！可耻的谎言！（最后变成）统计数据！”你可以利用数据，让那些根本不是那么回事的东西看起来像是那么回事。

大数据及其带来的意外结果

数字世界的真实度越来越高，我们有了捕获、分析和预测结果的能力。这也意味着我们不会成为未知力量的受害者，反而能成为影响我们未来的积极参与者。我们必须谨慎对待这份力量，在我们的预测能力以及预测的准确性之间找到平衡。毕竟要是我们预测到，由于今晚市区体育馆有一场篮球比赛，所以今晚大桥上的交通会很糟糕，那么我们也可能会引发其他负面的结果：比如把交通分流到支路上去，但是这些支路的条件并不能处理这些增加的流量。更糟糕的是我们不知道是不是做出了正确的决定：万一今天很冷，去看比赛的人反而更少了呢？那我们的模型就不准确了，我们可能以更糟糕的方式影响了现实。

这让我想到了《回到未来》中的时间旅行悖论。布朗博士以确定无疑的口吻告诉马丁莱，不要试图改变过去。为什么呢？因为未来会发生什么是不可预测的。哪怕只是和他未来的母亲在咖啡馆见面也会增加他永远无法出生的可能性，如果她爱上了他而不是他父亲的话。把这种情况和我们当前的情形关联起来，想象这样的情形：我们预测你会得胃癌，因为根据我们的基因和环境预测模型，我们将红肉多的食谱与得该疾病的高风险关联在了一起。于是你切换到了全部是鱼类和蔬菜的食谱。再让我们假定此时的未来，由于自然界中鱼类的数量在减少，所有的鱼类都进行了基因改造，于是最终你在未来 10 年间食用了数百磅这样的鱼类，反而得了一些和转基因食物相关的疾病。在这样的情形下，系统利用手上的数据将你带离一个计算出来的风险，但是将你指向的其他路径的最终结果一样糟糕，甚至更糟糕。系统指出的路径是错的，而且没有人知道是错的。这是因为直到食用这种鱼类 10 年后的某个时间，我们才意识到这一对鱼类的特定基因改造会引发人类的疾病。

两个例子在此处有了不同的结果。《回到未来》中的马丁知道未来的情形，完美的数据能让他避开（身处 20 世纪 50 年代位于加州的）母亲，永不和那些人或事件发生交互，而这些人与事可能和他母亲的人生轨迹有交叉。但在我们的鱼类食谱例子中，我们只能对未来结果的相对风险做出假设。由于没有足够的数据来知道转基因的鱼类是有毒的（转基因还是很新的技术，所以没有如我们第 4 章所谈及的“训练数据”存在），系统实际上给此人做了一个糟糕的决定。当然，好消息是，未来的系统层次行为将从这些知识中得益，于是其他有可能得胃癌的病人能够避免食用此种鱼类。但是对于最初的预测，得到的推断是错误的。

不存在完美的数据。在做预测时我们肯定会和模糊的数据打交道。

如果没有完美的数据，我们又能做什么呢？显然，如果我们很确信当前的行为会得到负面的结果，最好还是要给出建议。告诉你不要用刀切下你的手指会是一个符合逻辑的预防行为（如果其他条件也满足的话，比如你没有处在这样的情景中：被困在铁轨上，列车正从远处呼啸而来，而只有你的手指卡在那里让你不能脱身）。告诉你别走某个路口，因为那里有好多车，非常拥堵，这看起来也很有道理。在即将发生碰撞（你的车和前车的速度发生了不匹配）时，让你的车自动踩下刹车看起来也不错，因为我们都知道人类的反应时间和计算机系统的反应时间相比还是差得很远的。在这样的情形下，不经询问而采取行动是有道理的。这些场景给了我们提示，在没有完美数据的时候应该如何应对。

1. 搜索系统必须能够告诉我们它在为我们做决定时是出于什么样的原因。系统不必总是显示这样的信息（比如上面提到的撞车例子），但如果搜索确实要求一个解释时，问题的表述方式应该让我们人类能够理解，并基于此做决定。从长远来看，这一“透明度”的概念是帮助我们信任新一代搜索的关键。

2. 系统必须能够告知用户它在做一个决定时有多大的信心。系统注意到有95%的概率某条航线的机票在未来7天内会降价（如价格预测软件Farecast上线时做到的那样），或者Netflix认为你会给马上要看的电影打3.5颗星——这些都能帮助我们做出好的决策，并建立对系统的信心。再强调一次，没必要总是显示这个信息。我们可以想象一下，系统每次采取行动时都向用户提示其可信度的话，用户也会发疯的。但是这个信息必须存在。

3. 已知的负面风险不是很高。基于我女朋友的日程和习惯，预测说我女朋友现在可以进行一次Skpye通话是安全的，因为最坏的结果（她没有接听）也不是太糟糕。而好的方面是，我可以和她讨论我们即将进行的旅行。

我们为什么要期望完美呢？有人可能辩解说，这样的风险评估不过是我们日常所做的延伸罢了。我们做决定就是基于怎样才能得到最好的结果。我们对下一代搜索所做的一切就是在决策过程中加入更多的数据。我们通常不会对日常生活中那些未知的结果进行提防（事实上，我们通常牺牲长远的幸福而将当下的欢愉最大化）。我们对搜索期望更多，期望它能比我们个人的决策方法做到更多的理由也很简单：我们需要能够信任它。

决策的无能和一致性

我之前提过，决策场景中数据太多实际上让人不那么快乐。如果你有太多的选择，那么你对你最终决定感到满意的可能性就比较低。如果未来的搜索引擎获得了它能处理的所有数据，它如何将这些数据呈现给用户就很关键。

我们会拥有一个用户界面，试图简化所有的数据，成为可以在不同场景下的依据。但这有其自身的风险，其中之一就是伊莱·帕里泽在《滤子泡沫》中描述的：引擎试图对网络上海量的数据加以个性化和理性化，呈现出引擎认为和用户相关的信息和服务，最终加强了用户现有的信念。换句话说，如果某人在进行新闻搜索后，总是选择福克斯新闻频道或者点击某一特定类型的关于环境问题的文章，搜索可能（按照该理论）变得非常个性化，只给搜索者看类似的故事，屏蔽了结果中的相反意见。这个理论虽然有逻辑上的合理之处，但确实有一些问题。苏珊·迪迈、保罗·安德烈和雅伊梅·蒂凡合作的论文《X射线、橡皮泥和天王星：意外发现及其在网络搜索中的角色》驳斥了个性化会损害搜索给人带来惊喜的能力的观点。然而，这一担心是有其根据的。不说别的，想到搜索系统只给出高度“修剪”过的结果，就好像在小说里读到：人们被不可见的力量控制了。

有一个贴切的例子深化了这一担忧。美国行为研究和技术研究所的罗伯特·爱泼斯坦和罗纳德·罗伯逊最近做了个研究，课题是“民主有风险：操作搜索排序可以显著改变选民的偏好而他们毫无所知”。在这一研究中，爱泼斯坦和罗伯逊描述了他们怎样用某种方式来操纵搜索结果，将选民的偏好以明显和可预测的倾向引导到他们支持的候选人。这意味着什么？表面上看，搜索引擎能在多个话题上以用户甚至不知晓的方式来操作公共意见。

此外，搜索可以将这一大堆选项呈现给用户。那么用户最终面临的场景，就如巴里·施瓦茨博士在《选择的悖论》中描述的那样。也就是说，用户不断地对他们的选择再三考虑，总是不满意他们的决定。斯坦福大学教授安东尼·巴斯塔尔迪对该现象讨论得更多，但他进行了扩展，而不仅是讨论对某个决定的不满。按照巴斯塔尔迪的说法，数据过多实际上会导致人们做出更糟糕的决定。他说：“决策者会去追求无用的信息。这种信息看似相关，但如果只是存在而已，则对决策没有任何影响。一旦他们追求这样的信息，人们就会用它来进行决策。于是，对那些与决策没有影响的信息的追求，引导他们做出实际中不会做出的决定。”

更多的数据带来更多的选择，但不等于更多的快乐。

很明显，搜索引擎会使得海量数据更有意义。这一责任是巨大的。搜索一开始的起步很谦卑，只是几个蓝色的链接而已。但它远远跨越了那个阶段，已经成为并将继续成为在这个有着太多选择的世界中做出更好抉择的关键。问题是：引擎能跟得上吗？

反击：当大数据遇上大计算

已经出现了一些方案应对这一挑战。例如，一家名为 Ayasdi 的公司开发了名为“发现洞见平台”的云端服务。该系统与数据无关，也就是说用户基本上可以给系统输入任何信息，而系统会试图找到关联并推导出洞见，而不需要用户问任何问题。系统会处理数据，发现它们之间的相关性，然后以图形的方式将这些结果呈现，让我们这些普通人能够理解。

想象一下试图知道谁在安然公司倒闭中扮演了“坏人”的角色。我们可以审阅 2 万封雇员邮件，找出可能显示谁知道这一欺诈行为的模式。Ayasdi 通过它的文本分析系统扫描了 50 万封邮件，确定了 205 个可能掌握了该欺诈信息的人。通过寻找写出类似邮件内容——特别是包含“破产”和“危机”这样特定关键词——的人，并将其与那些给外部会计发出大量含有其他触发词邮件的人关联，团队“嗅出”了可疑人物——研究部的执行董事文斯·卡明斯基。他不断地对安然可疑的财务行为提出反对意见。呈现的图形中有一个小分组被高亮显示。这表明 Ayasdi 很容易就进行了识别，并能在复杂的数据中挖掘有用信息来获得洞见。

在这一案例中，系统并不知道相关性的含义。它只是知道这些项目有关联。还得有人去判断哪些项目是重要的（以及为什么重要），但是在处理海量的网络信息时，能将数据集放入系统并让系统找到相关性已经是巨大的进步。

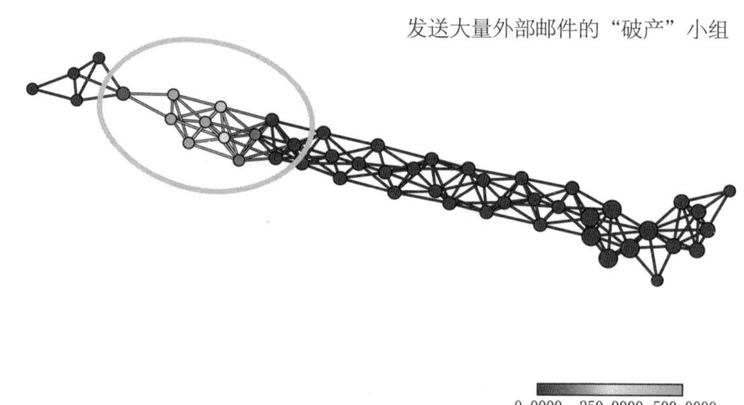

图 6–1　Ayasdi 公司对安然公司雇员的邮件的分析

Ayasdi 首席执行官古吉 · 辛格解释道：“要问的问题太多，你都没有时间逐一提问。甚至考虑从哪里开始分析都没有意义。”确实，让搜索系统帮助我们在因我们的存在而产生的万亿数据点中找出哪些可能是有趣的东西，这也可能是社会能克服这一浩瀚信息洪流的唯一方法。

希望的微光

我们生活的时代是一个被几个坐在办公室里的工程师就可以（相对常规性地）颠覆的时代。人类历史上还没有这样的时光。想想推特对全球民主的影响，或者在安卓操作系统帮助下制造出的设备使得捕获这个世界变得异常廉价。这些“破坏”的创建者在想出这些新产品的时候，是不是在黑板上写下了这样的目标，我们不是很清楚。

这也是在技术领域做出预测的困难之处。有人会说：“太多方面输入了太多的变量，这就使得我们不足以处理，甚至不能理解由此产生的所有复合问题。”我同意这一点。但是，正如创新颠覆了现状一样，如果它创造的颠覆和混乱就是现状本身，那么颠覆本身也需要颠覆。哪怕是我描述过的最大的挑战也会得到解决。即使不是一次性全部解决，也至少是带领我们走向下一个看似不可能解决的挑战的步骤。对此我充满信心。

第 7 章 谁拖了搜索的后腿——商业

SEARCH 

下一代搜索将赋予我们的超级能力只有最离奇的科幻小说中的描绘才能与之匹敌。而它面临的技术挑战，我们已经讨论了一些。但是，就算我们能完全解决那些技术挑战——实际上也做不到，因为当今的问题一旦解决，新的问题就随之出现——还有技术之外的问题。支撑搜索的商业模式是否足够灵活，足以抛弃当前用来资助这些巨兽的模式？为了让我们获得这些新的体验，需要获取用户的信息，我们能平衡权利和自由吗？人们是不是已经对他们个人信息的状态过于担心，所以没法再讨论获取关于他们更多的数据的事情？本章来讨论这些问题。

系统中遍地黄金

赤裸裸的现实是，在线搜索系统的设计、建造和运作每年要花费数十亿美元。在今天，为这些研发提供资金的主流模式是网页上的文字广告。如果我们进入到下一代的搜索，页面上结果的排列不会单纯一致，右边也不再有广告。那么我们如何在资助如此庞大的企业和推动技术水平发展的需要之间找到平衡？

举个例子来说，2013 年谷歌 555 亿美元的收入中有 505 亿美元来自广告。我们这么说不是指责公司的模式，而只是简单陈述一个事实。如果你的收入中有将近 91%（你的大部分利润也是如此）是单一来源，你就不愿意抛弃那种模式。

不靠文本广告来创收的模式又如何呢？我们都见识过在在线媒体中插入传统媒体广告模式。比如“横幅广告条”（其实就相当于杂志或者报纸上的一小条印刷广告），还有“前置”视频（谁喜欢为了看 45 秒钟的视频先收看一段 30 秒的泛目标广告呢？）。随着我们的网络不再只是文本和视频而转向“完成任务”，为这些数十亿美元的开销找到资金的模式也要变化。现实是，这些企业如果想要持续提供服务，就需要庞大的资金。而营收可以直接来自使用这些服务的人们或者其他一些间接的方式。哪怕一个相对较小、只有 5 万个服务器的数据中心每个月至少也要花费 350 万美元来运作（假定服务器 3 年折旧，基础设施 10 年折旧）。我们还没有考虑互联网访问或者其上运行的软件费用。到了谷歌这个级别，一年花费 150 亿美元以上来运作是很有可能的。

未来搜索的商业模式

有人会说，完美的广告就是那种广告人有充分信心激发消费者采取行动的广告。这个行动不一定是购买产品或服务。实际上，人们在将形象与公司或产品加以关联的“品牌广告”上花费了数十亿美元。归根到底，广告有归属问题的困扰，也就是基本上很难从一位消费者可能收到的那么多消息中分辨出哪条对希望的结果做出了贡献（不论是购买行为、观念改变，还是感知度提升等）。

支撑搜索的系统怎样帮我们处理类似归属这样的问题呢？有人会这么认为，最终搜索会编织成一块纵横交错的整体。它理解你，理解你在现实世界和虚拟世界的行为。而你在日常生活中之所见能帮助连接你的行为和你所接触的市场。换句话说，在不久的将来，搜索有可能跟踪你什么时候第一次看到某个广告，同时也跟踪你看到该广告的所有场合，或者能注意到你在看到电子布告栏的一周后，在社交媒体上发布了购买该产品的消息。

我知道这听起来有点儿毛骨悚然。公众会喜欢这样的跟踪和追踪，只是为了帮助广告商了解他们花在广告上的回报吗？我也没有被完全说服。但除此之外还有别的方法吗？如今我们用来捕捉广告是否对购买或者观点产生影响的方法确实很不精确。类似“重定向”这样的动作使得看起来好像有人在整个网络上对你进行追踪。你有没有注意到，要是你在某个八卦网站点击了一个Leggs长筒袜的广告，你会在你的电子商务网站和其他网站看到更多Leggs长筒袜的广告？对我来说，这不光很傻，而且如果我正在CNN（美国有线电视新闻网）上阅读一篇关于伊朗的文章的话，这么做也完全脱离了上下文。在我看来，下一代的广告模式将依赖于不同的频道，能根据需要的结果——无论是用户购买一个产品还是向她的好友推荐了某个品牌——向广告方收费。

另一种搜索付费方式

另外一种有可能解决为更先进的搜索付费的挑战的方法是让人们支付他们实际使用的服务。如今，每个人基本上不用支付任何搜索费用，但是这样并不公平。有人可能会认为，某人如果更多地使用搜索服务，就能产生更加有针对性的数据和广告点击，因此产生了更多的收入来冲抵他们使用这些服务而产生的费用。事实上，这个模式有一定的逻辑，但不是唯一的方式。

用户为服务付费的业务模式使搜索的快速发展充满希望。

事实上，一个随意、偶尔为之的搜索者在搜索律师或者医疗信息时，相比一个频繁搜索者在搜索名人新闻时，可能产生更多的收入。为什么呢？大部分搜索页面右侧的广告是竞拍而来的，这也意味着某些词语的费用要比别的词语高。而对于那些有可能从客户那里获取高额收入的词语（比如“医疗”或者“赌博”等类似的词语），每次点击可能要花上这位广告商35美元。这本质上没有什么不对的地方，但这似乎和基于用途的模型背道而驰，因为一个搜索者的“产值”并不一定与他们（以针对性的数据和广告点击的形式）“支付”给引擎多少收入相关。

有个方法在过去 15 年间一直被讨论，那就是微支付的概念。不是通过向用户展现广告作为支付服务的方式，而是为每个在线任务支付几分钱甚至一分钱都不到。一次搜索可能花费 0.2 分，一次即时聊天花上 0.1 分钱……本质上说，你采取的任何行动都要收费，这和生活中很多别的领域是一样的。大部分人和公司不会免费提供服务。搜索系统一样可以从用户那里收费，而不再依靠对其进行分析再交换这些数据来获得收入或者投放针对广告。这个模式对那些认为对人进行数据搜集是一个负面的举动、有着巨大滥用风险的人特别有吸引力。确实，我们已经看到有人愿意付钱来移除广告。像Spotify（音乐服务平台）和Pandora（音乐服务平台）这样的服务也有无广告的版本，只要你愿意付钱。最近有一家初创公司TrueVault筹集了 250 万美元种子投资。它为健康应用、网络应用和可穿戴设备提供一个符合《HIPAA（健康保险携带和责任）法案》的API，并对每次数据调用收费 0.001 美元。

但是在现如今，搜索对用户来说更像是氧气，他们不会考虑立即付费。反过来说，业界领袖中有越来越多的共识，认为在线服务可以穿针引线，生成所需的产值，并同时保护隐私、推进新的模型，让下一代的搜索蓬勃发展。

广告的再思考

也许是时候重新思考我们该如何为我们使用的在线服务进行支付了。如果有方法让广告商直接联络到用户，并因此而支付那些庞大的系统，且不会使用大量的个人数据会怎样？我想再次强调，定向广告不是天生就那么糟糕，反而很不错。搜索结果页面带有广告（只要是高质量的广告）时，人们表示出更高的满意度。但有些用户（当然还有很多监管机构）要求有另外的方式来资助这些他们乐于使用的服务。

按照True[x]（一家广告技术公司）的首席执行官乔·马其斯的说法，太多的在线体验妨碍了我们当今的广告模式。他举了一个例子，其中讲到美国南加州大学的一个电视剧编剧课。课上，老师教学生以三幕体来编剧。为什么呢？不是因为这样讲故事的方式最好，而是因为编剧时要考虑商业广告的插播。电视剧行业由广告支撑，所以电视剧需要配合这种广告模式。没有任何研究表明，将一个故事分成3段，每段加上悬念让你不能释怀才是处理叙事弧的最佳手段。事实上，如今不少受好评的剧本都打破了这个规则。正如马其斯所说："看看如今都是谁在赢取所有这些奖项吧：Showtime、Cinemax、HBO（都为有线电视网络）和Netflix（在线影片租赁供应商）。它们没广告，没广告，就是没广告。成功采用传统广告模式并还能播出有获奖水平内容的唯一一例是AMC（美国经典电影有线电视台）。基于这一点，人们可以在Netflix上批量观看没有广告的剧目。"

我们再想想如何将这个主意用到搜索上。我们之所以有今天这样的结果，不是因为这就一定是正确的模式，而是因为诸如搜索和电子邮件这样的在线服务投资方就是那些根据历史消息在页面右侧放入相关广告的人。还有没有更有效的方法，确保这些运行搜索引擎的公司既能保持运作又同时让用户和广告商受益呢？

马其斯认为，突然在页面上跳出信息不一定是吸引他人注意力的最有效的方法，特别是对某种类型的广告而言。他说："我的一天中有 24 小时。如果我一天大概睡 4 个小时，那么在剩下的 20 小时内有很多空白时间和慵懒时间，没有什么事情要做。这时的我更有接受力，也对那些对我而言有意义的广告更开放。"

注意力银行：关注点数的存储场所。你有时间的时候会专注于广告，没有时间的时候就使用你积累起来的点数。

马其斯向我介绍了所谓"注意力银行"的概念。在这一模式中，如果消费者关注于某个广告，他就得到一个点数。这些点数可以用来"支付"在线服务。他说：

> 人们认为广告需要实时插入，但实际上，你可以有个银行。广告业缺失的一环是对情境的尊重。移动广告那么难做不只是因为屏幕小，操作系统分散——那是个主要的原因，情境才是主要原因。如果我准备去跑步，我真不会

去在乎广告是什么。或者如果我试图找到一家餐厅的电话，准备打过去看看有没有位置，请不要用广告来打断我。但要是我无所事事或者正等着开会，这个时候就是我可以聆听一些我关心的东西的时候。这时我可以向银行存入广告点。于是我在使用我想用的服务时，就不会被打断。

广告模式需要加以调整来适应媒介。媒介不会进行演化，它所经历的是革命。先是发明了收音机，突然之间发明了电影，然后是广播、有线电视，再到如今的YouTube。媒介——在本例中是搜索系统——将首先演化，且已经首先演化。广告会落后一段时间，因为媒介是需求驱动，但广告是供给驱动，而且我们在系统里投了那么多钱。事情就是这样发展着，直到某些别的东西到了质量临界点。

换句话说，我们现在能看到搜索中的创新：可穿戴设备、语音搜索、视觉搜索、代理……很多这样的事物推进着技术水平的发展。但是搜索发生了革命，我们不再看到熟悉的链接和关键词的界面。这就要求广告模式能为任何时间、任何地点、任何设备上的搜索提供支持。

其他赢利模式

还有另外一个模式，看起来越来越能对抵消大型在线业务的运作费用有帮助，那就是分散收入来源，其目的是创建多边市场。如果看一下谷歌最近的财务报告，你会发现 2013 年第 4 季度的收入中有差不多 10% 来自硬件、应用和服务。考虑到一年前这个比例还是微不足道的个位数，那将是一个具有深远意义的转变。为什么要转变？至少对谷歌来说，似乎这是最传统的多边市场战略。

双边网络效应可以让你在市场的某一边放弃一些东西去建立网络效应，从而让你在另一边销售服务或产品。谷歌免费开放他们为设备互联而设计的操作系统，将这些廉价硬件的用户连接到他们的服务中，并在服务中通过广告获利。我们已经看到在短短 4 年里安卓的崛起。这样的网络效应为后来者建立了壁垒。比如，安卓获得了巨大的市场份额，谷歌没有必要再允许设备上存在别的服务。这样一来，它所提供的免费产品让它有效地屏蔽了竞争对手，充分地收获了付费段的价值。在某些情形下，这股力量大到足以使整个市场向某个单一公司“倾斜”，而到那时也就没有什么市场可言了。所以说，尽管我们看到谷歌的收入源出现多元化，可能的情形倒不是纯粹为了多元化的目的，而更多是要锁定更高利润的在线服务。

但免费服务不只是一种锁定广告的方式。任何免费的东西对人们都有一种不理性的吸引力。想要利用这一点，免费服务也是重要的因素。网络的“免费+升级”模式（用户可以免费得到一些东西，但是也可以付费升级获取更好版本的服务）可能是一个方案，能产生足够的收入让搜索服务运行。如今我们看到这种模式出现在诸如 Dropbox（免费网络同步工具）这样的服务中。

Dropbox很少付费给自己打广告，但是它用免费空间作为吸引用户尝试产品的诱饵。因为它的服务质量高，而且用户介绍自己朋友加入还有返利，这使得公司获取付费用户的成本远远低于该服务刚启动时的水平。

隐私

虽说搜索在广告资助的业务模式下也孕育了了不起的创新，在一个高效的市场连接了数亿计的用户和广告商，但是随着数据爆炸以及能跟踪一切的廉价传感器的无所不在，某些人开始有了迟疑。尽管用户能接受搜索引擎呈现与他们输入的查询相关的广告——毕竟，微软内部的研究表明，如果在页面上出现高质量的广告，人们对搜索页面的满意度会更高一些——但当他们知道在线服务拥有了那么多数据后还是有点儿担忧。而随着我们将我们的行为、爱好和想法更多地放入云端，对我们加以描述的能力只会进一步提高。

马克·戴维斯作为一名数字自我方面的卓越思想家，就我们有多少在线数据提出了一个有趣的观点：

> 假定我们成为智人有差不多100万年，所以我们对于成为一个物理自我、一个自然人的意义有了100万年的经验，围绕此诞生了现象学，并有了相关的文化活动。不同的文化处理方式不同，但是空间关系学——你和别人

可以站得多近，我们居住时如何进行组织以及其他的学问——却惊人一致。对于如何作为自然人，我们已具备大量的知识和经验。

大约1万年前——这取决于你怎么算，或者是不是要追溯到确实还要比《汉谟拉比法典》还要早的《乌尔纳姆法典》——我们有了法人的概念。它定义了什么可以做、什么不可以做，所以在行为和行动上有了某种层次的功能性和结构。

而就在过去15年间，有一种新类型的人被创造出来——数字人。还没有解决的问题是：数字人会怎样发展、谁来控制，以及自然人、法人和数字人之间的关系如何。有太多的问题悬而未决：谁监视和存取数据，谁拥有你的信息，谁在何时何地能看到你。

最基本的问题——隐私和控制，其实是关于人格的本质。所以如果你从大历史的角度来看待这个问题，那么所有这3种人（自然人、法人、数字人）都是共存的。他们之间的相互关联非常复杂，我们才刚刚开始去厘清这样的关系。这将是一个漫长的历史过程，但是哪怕只是未来几年内确定下来的东西会对更远的将来有着深远的影响。

我们的数字自我需要得到保护，就像我们的物理自我需要得到保护一样。

我们在审视个人数据现如今的状态时，很容易将那些主要的互联网玩家看成是类似政府的角色。很多以前的公共基础设施被网络或者移动服务替代（比如信件被电子邮件和脸谱网替代，联邦政府控制的无线电广播被推特替代等），运行这些服务的公司开始看起来像是准公共部门。当然，问题是它们并不像公共部门那样运作。

这当然不是说在处理个人的私有数据上，它们怀有恶意。但是管理这些公共领域数据存储和使用的法律却是空白。这意味着我们更有可能缺少在私密小镇广场上拥有的安全保证。

技术、社交、个人及社会维度

隐私就是一大块氪星石头，威胁并阻挡着搜索取得重大突破。很多人认为，如果有一个全能的代理对我们了如指掌，这样的世界将疑虑丛生，也是危险的。悖论在于：这一新世界将赐予我们的自由，需要我们给出更多的自我信息方能得到。一旦我们关闭这些数据的存取，它们代我们行事的能力也就被废止了。我们怎样来解决这个矛盾呢？这里有不少问题要考虑，而这些问题涵盖了技术、社交、社会以及个人等方面。

搜集和使用个人数据的技术障碍也许是最容易被解决的。从任何方面看，存储基本上都是免费的，计算也非常便宜。所以，获得个人信息节点的交叉关联也很便宜。系统中花费最高的部分可能在于数据科学家和开发人员。他们要形成洞见和得出算法，然后用到这些海量数据上，为的是让这些数据有意义，为人们的生活增加价值。

比技术面更麻烦的是社交圈对于进行高阶搜索（以及一般意义上的专家系统）并能浏览个人生活每个领域的态度。但是我们已经看到，对于人们在网上做些什么有了态度上的改变，也越来越有人愿意分享数据（特别是在年青一代中）。根据皮尤研究中心 2012 年的报告：

> 总体来说，40% 的十几岁的社交媒体用户说他们“非常”或者“有点儿”担心某些他们共享在社交网络网站的信息可能在他们不知情的情况下被第三方（比如广告商或者公司）获取。但是很少有人说“非常”担心。31% 的人说“有点儿”担心，但只有 9% 的人说“非常”担心。报告中另外 60% 的人说他们“不太担心”（38%）或者“根本不”担心（22%）。

本 · 立夫谢茨是关注隐私问题的一位前沿思想家。按照他的说法，关键的挑战之一在于，作为搜索服务的消费者，我们不能理解我们信息的价值。换句话说，我们已经习惯了得到免费的服务，但现实是世上没有免费的午餐。要想支撑新一代在线服务所需的耗费数十亿美元的基础设施，必须要有一些价值的交换。如今，公司在“兑现”用户档案的时候就获得了报偿。比如，系统知道我是男性，“奔四”的年纪，可能住在西雅图，还有一些特性使得我对某一类广告商或者一个用来培养回头率的服务中的某个功能很有吸引力。在线公司中那些最能赚钱的公司知道所有这些档案数据，能理解“我”的价值，因为他们能持续地测试并验证他们所认为的“我”（以及我对他们的广告客户的价值）是不是真实的。但是我们作为消费者在理解我们信息的价值方面并不擅长。

我的隐私值多少钱

现如今，用户没有什么确切的方法去理解他们的信息值多少钱。诸如BlueKai（数据管理平台）这样的公司以及他们的产品Registry尝试让所有人都知道在线广告商对他们有多了解。其他的服务，比如PrivacyFix向那些主要在线服务（如谷歌和脸谱网）提供了客户的价值评估。但是，相比你每天要访问的海量网站，对你的真正的网络价值进行粗略的评估也很不可信。随着对数据搜集的揭示逐渐进入大众意识，对此的关注看起来也在逐渐增长。

按照立夫谢茨的说法：

> 我认为我们已经开始调整我们信息的价值了，但是进展很慢，逐步地往前走。我认为总体来说这是个发现的过程。在大部分时间里，我们确实不知道人们如何衡量名字和电话号码，更不用说众多爱好的价值了——比如他们喜

欢看哪种类型的电影，在Comcast（有线电视公司）上倾向于看什么样的频道。我认为需要一点儿时间去确定自己的价值，而且我认为大部分时间基本上会是对服务讨价还价：“好吧，我给你这个来换你的那个。”如果这个服务本身是免费的，那么你就将付出自己的价值。

目前为创新提供资金的模式依赖于公司利用个人数据创造出比提供服务更高的收入。这本不一定是件坏事，但在这里，它就是坏事。

而且还不只是钱的问题。人们渴望去创造对终端用户有吸引力，个性化且对他们有用的东西，但如果对用户一无所知，这么做的难度也是很大的。风险在于，人们越来越对挖掘数据不感兴趣，因为他们觉得他们信息的价值超过了他们得到的服务。不过要想在搜索技术中获得突破，还需要更多的数据挖掘。很少有公司会认为量化一个用户的信息对公司的价值是有好处的。如今的公司没必要这么做。他们可以随心所欲地提供给客户或多或少的价值，根本没有讨价还价的余地。

作为用户，我知道我的地址或者我的爱好对于某个服务来说值4美元的时候，整个工业的状况就改变了。立夫谢茨将当前的市场状况和伊斯坦布尔的大巴扎相提并论。随便哪个商品都有大概25个卖家，除非你讨价还价，否则你就不会知道该商品的真正价值。考虑一下那些比价引擎，它们算是非常新的发明了。它的出现是为了服务于这个低效市场中的需求。在这类引擎出现之前，你不得不访问若干网站或者给实体店打电话来比价。如今，这一任务很大程度上是由所有的站点自动化处理的。

用户与公司交换他们的个人数据，得到足够的价值回报了吗？

聚焦：可能的解决方案——RePriv

本·立夫谢茨设计了一个名为“RePriv”的系统，试图克服用户担心的一些隐私问题。这个研究项目就是呈现给用户选项，确定在访问网站或者使用服务时分享什么东西。RePriv静静地在你的设备上运行，监控你的互联网和本机行为。听上去有点儿可怕，但事实不是如此：它还是你的，而不是别人的。关键在于它在你的信息和需要该信息的网站间制造一种隔膜。比如，我想访问HarrysWidgetShop.com这个网站，RePriv就会截获网站对我的信息的请求。然后它弹出一个对话框询问我想分享什么样的信息（如果有的话），由我来决定我觉得可以接受的层次。比如我可以选择分享我的性别但不分享我的邮政编码。

挑战很快就变得很明显了。用户不擅长于理解他们愿意给出的信息的复杂度。原因有几个。首先，在浏览网络时，海量的请求能让最聪明的用户感到吃不消。其次，用户没法理解在他们已经分享的信息之上再分享一条信息的边际价值。换句话说，我的邮政编码对于一个广告商来说可能值 4 美元，我的车是什么型号可能值 0.5 美元。但如果广告商综合了这两条信息，其价值能远远超过 4.5 美元。事实上，其价值要高得多，因为有能力用这些数据和其他数据集进行了相关性计算并据此可能得到的洞见是任何这两个信息在分离时得不到的。

RePriv 能扮演这个精明中间人的角色。它是一个你的个人数据的市场，并扮演一个代理的角色，截获来自站点和服务基于各种目的对你的信息的请求。在某些情形下，它可以免费给出信息（比如优步需要知道我的位置来派遣车辆），但在另外一些情形下，比如在透露我的身高给某航空公司前，它可能决定要先找出这家航空公司对我了解多少，我的信息对航空公司可能有怎样的价值，然后代我协商确定我的信息的价值。

设计大厦是件异常困难的事情。价格的透明性（即你对某个网站或者服务的价值）是零。甚至没有一个标准的系统让所有的网络事务得以进行。有些是在你的个人电脑上，有些在你的手机上，有些在廉价的平板电脑上，还有一些在没有屏幕的联网设备上。如果没有单一的身份和中间人系统在云端运行——而且所有网站和网络服务都同意使用——那么在可见的未来，我们似乎只能有一个片面的解决方案。

让我们假定，我们建造了一个类似RePriv这样的服务在云端运行，并在整个网站上服务。我们面临的另外一个大问题是计算数据（推导数据）。换句话说，我可以让系统知道我的年龄和婚姻状况，但是它基于这些变量推导出的洞见，比如我花钱进行一次昂贵旅行的可能性，或者成为约会网站广告目标的可能性，这些信息又该怎么处理呢？谁拥有这些数据？如果我的婚姻状况发生了改变或者我不想告知我的性取向，但是系统基于我之前对该数据的授权已经建立好了档案，又会如何？

马克·戴维斯有一个基于现实世界的解决方案。这个方案的现实对应物是好莱坞：

> 我们制作并销售电影，而且具有你能想象到的最复杂的权利许可体系。一本电影中有上千个不同的成员拥有权利：音乐人、舞蹈演员、片中出现的产品……为了规范与这一复杂产品（电影）关联的各类权利，相关合同的复杂程度也令人叹为观止。对于个人数据，我自己研究出来一个3×3的矩阵来解释归属权。矩阵的左边关乎所有权：有些东西完全、唯一为我所有；有些东西在多个成员间联合或者分享权利；还有一些东西是公共的，意味着它属于公众领域或者为公共利益服务，所以没有人拥有它或者说所有人都拥有它。
>
> 在矩阵的上边是关于数据，有申报数据，也就是明确陈述的东西；然后是观察数据，来自那些对你进行跟踪的

设备；最后是推导数据，也就是系统基于对你掌握的一些东西计算而来的数据。于是我们就有了一个很漂亮的3×3矩阵。不过它表明，大部分存在的数据是联合拥有而不是唯一拥有的。

	申报数据	观察数据	推导数据
唯一为我拥有	唯一拥有权	联合拥有权	联合拥有权
多方共同拥有	联合拥有权	联合拥有权	联合拥有权
每人拥有（公共领域）	联合拥有权	联合拥有权	联合拥有权

现实情况是，尽管它是我的数据而且我确实拥有它，但我不是唯一对它有拥有权的人。

看起来，我们有了答案，但是没有实际的方案。确实，搜索系统能认识到有一些数据不属于我，而且能被用来定向服务和投放针对我的广告。但是和好莱坞不同，我们没有方案去解决这样的问题。如果有个数据我不想再让在线服务知道（比如我的年龄），那计算数据该怎么办？在线公司必须着力解决的问题是，一旦他们用来计算档案数据的一个或多个部分不再能存取后，应该如何“撤回”那些计算出来的数据。

数据：你的、我的和我们的

当我们意识到我们其实并不拥有存储在网络上的关于我们的所有数据时，就有必要获得法律和技术架构上的支持，来

"跟踪、指认并仲裁对数据享有权利的多方的权利"，马克·戴维斯说。

在描述你的总体数据中，很可能大部分数据是由多方控制的。在这一点上，产业或者政府必须确保各方如何使用、存储和删除这些数据等方面的最基本权利。

至少在这一即将来到的网络中，很可能有必要存在这样的权利，即一个个体获得系统对她的了解的权利。数据权利的复杂性也为类似RePriv或者个人云这样的系统预示了美好前景——因为在这些类型的系统中，你拥有所有数据，而且你至少对"谁知道了关于你的什么，它们用你的数据可能做了什么"有个记录。这样的系统不会完全解决分享或者计算数据所有权的问题，但是至少在理论上，一个用户能对他自己的数字自我进行分析从而理解他可能具有的价值和曝光度。

个人云

有人认为他们使用的服务是对隐私的侵犯，于是创建了他们自己的"个人云"。在广义的定义下，这些云可以是用户在自己家里安装的服务器（极客做法），或者只有他们能存取的私有云存储。

诸如Tonido（个人私有云服务）这样的服务将你拥有的所有机器变成一个你能从任何地方存取的系统。和Dropbox（坚果云）或者谷歌网盘不同，使用Tonido时数据不会离开你的掌控，所以（至少在没有你明确的允许时）引擎没有什么可分析的。其他可用的选项包括云计算公司Rackspace、FireHost和其他公司的产品，它们允许客户为只有他们能存取的云端空间进行支付。

那些创建个人云的人得出的结论——或者说至少对事实做出的反应——是他们不知道他们的数据被用在何处。他们不愿意小心翼翼地控制个人数据的许可——这确实是一件需要花费很多时间的艰巨任务——他们不过是在数据周围建了一堵墙而已。

现在人们也开始建立私有的社交网络。它们要么在自己家里的服务器上运行，要么在现成的方案上运行，但是只有少数一些人能访问。当然，在家里的服务器上运行社交网络看起来似乎违背了社交的初衷，但我不这么认为。虽然这样的网络可能不那么社会化（因为只有那些受邀的人才能参与），但至少在表面上也更不容易被挖掘，从而满足建立档案的目的。

不论如何，对安全和隐私的担忧使得个人云崛起，这极大地影响了搜索通过数据来最大化与个人相关的搜索体验。要是人们认为在网络上保持安全的唯一途径是将他们的信息锁在数字保险箱里从而远离偷窥的眼睛，那么智能系统为了用户的利益来存取并利用这些数据的能力自然会受到阻碍。

是服务条款，还是奴役

如果没有明确的法律禁止不良行为并在人们违背这些法律的时候进行追偿，你会让一个陌生人照顾你年幼的孩子吗？在美国，绑架是违法的，孩子在坐车时不系安全带是违法的，让孩子抽烟也是违法的。社会契约让我们的社区团结在一起，并让人们将自身置于可计算的风险之中，因为一旦违背契约，我们就可以追偿。

我们之前认识的计算机科学家和思想家马克·戴维斯也是世界经济论坛的个人数据再思考项目的创始成员。对于目前用户在互联网上享有的权利，他是这样说的：

> TOSDR.org（在线服务条款分析）旨在互联网上推进有关隐私的透明性。其主要主张是“我已阅读并同意该条款”是网络上最大的谎言，而他们的目标是解决这个问题。
>
> 他们分析了大量不同互联网公司的各种服务条款，并根据这些条款的要求加以分类整理和打分。他们同时意识到：第一，没有人读这些东西；第二，如果用户意识到他们同意了什么，他们会毛骨悚然；第三，各条款的内容几乎都不相同。你面对的是一个十分低效、极度不对等的系统。你面对的几乎是法律条文所说的服从契约。所谓服从契约是一种单方面的、无协商余地的合同，合同双方的权利不对等。你只能要么被迫接受，要么拒绝。

戴维斯的主要主张很简单：依据《宪法》我们一直在保护言论自由、免除自我检举的自由、免受无理搜查和拘捕的自由以及其他自由。如今，我们与他人进行沟通的众多场所，越来越多地被非国有实体“拥有”。换句话说，我们在大街中央站在盒子上演讲，与能听到我们的人进行交流时是受到保护的，但是这样的“广场”越来越移往在线，移到了具有完全不同的、基于平台服务条款而设置权利的地方。私人公司越来越多地执行着很多原本由政府执行但如今政府不再提供的功能。按照戴维斯的说法：“私人企业没有义务保护言论自由。事实上，它要求你放弃一系列《宪法》保护的权利来使用它们的私有服务。”

“广场”越来越移往在线，移到那些非国有实体拥有的网站上。

各国——特别是在欧盟——正起草一些倡议，集中讨论需要这些私人公司确认的新一套个人权利，以延伸到公共领域对个人的保护。如戴维斯所说，这是因为“那么多的公共领域如今在技术上是由私人领域提供的”。

其他的想法——比如网络统一的服务条款——一旦实施也将产生深远的影响。如果在线服务保护我们的数据，在它们的终端操作系统中也没藏着不可告人的秘密（因为它们用的都是一样的终端），我们就不必每次都要读一遍，使用不同的服务时也会得到同样的保护。戴维斯说：“理想的情形下，（统一的服务条款）会得到欧盟的支持，并受‘数据规则’的审核。于是我们会得到一个用户和为用户管理信息的组织之间的真正的双向合同。这样就将保护个人权利，来对抗政府和私人企业。这是我们能做到的最重要的事情之一。”

这一工作将增加对系统的信任，向大部分人不理解的互联网区域投去光亮。一旦人们知道他们同意了什么，对他们的个人权利会得到保护有了信心，他们就能更轻松地完全拥抱智能搜索系统，并让系统来代他们工作。

一流的网络

要解决“以隐私换服务”的难题，可能的方案是创立一类站点和服务，促进双方坦诚相对，建立网络上的一流体验。如今我们都忙于数据。在某个网站上我可能说我的生日是这一天，但是我在另外一个网站上却登记了另一个日期。同样，网站和服务可能告诉我他们将以这种方式来使用我的数据，但是结果却用了天差地别的方式。

我们再来看立夫谢茨怎么说：

> 将这种对话的级别略微提升一点儿，也就是说，我确实会给你关于我的真实信息。如果你给出准确的信息，可以得到一些实在的东西作为回报，而且这也不会变成一次性的事件，而是一个与在另一边的人的长久关系，加上这样的联系可以由你的代理审计（就像所有的财务关系一样），那么在这样的交换中，每个人都能得到大量公开的回报。这样的回报在文本上以及别的地方都写得明明白白。我会给你信息，而如果你确实希望审核这些信息的正确性，

也未尝不可。我真的很愿意公开，但作为回报，我希望也被公开对待。

在这样的情景中，用户和网络服务之间就有了互利关系，如同我们现在和金融机构所建立的关系那样。达成的协议是：我将信息（比如我的生日、居住城市）提供给机构而获得抵押贷款，我也相信银行对我的金额会准确计算，记录下我的还款。至少对于这类网站和网络服务（比如搜索）——它们需要得到个人信息才能正常工作——来说，这样充分接触而高端的关系也许是一种可以不让隐私的恶魔出现的方法。

解决之道：阳光普照

我认为，众多隐私和数据使用的问题可以解决，方法是坦承有这样的问题，并将这些问题曝光于大众面前。闷头向前是不可取的方法，其后果是可悲的（很多技术行业有这样的趋势）。作为数字个人的隐私、安全和价值问题太重要了，不能放任不管。

如今有不少“良心玩家”正努力防止隐私和个人数据领域因太好高骛远而把这些问题变得更普遍而持续。有人说我们已经走得太远，试图恢复我们过往的隐私的努力已经注定会失败。他们认为，我们需要建立起思考模式来接受这一新常态。就像人们必须适应街上的红绿灯一样，他们也必须在如今的世界中承认某些隐私的现实。技术进步带来新的要求，但最终这些对社会是有好处的。

不论如何，我们唯一能真正认可的是我们必须现在就处理这些问题。视而不见或者希望通过持续的技术进步，问题就自己解决了，那将是灾难性的后果。正如我说的，我是个技术乐观主义者。我真心相信，我在技术圈里的同事们诚心诚意地为我们的社会带来无所不知的智慧力量。我们只要一条心，就能对付任何系统中出现的“坏人”。在最后一章将讨论这一新社会的前景会是怎样。

第 8 章
信仰时刻
SEARCH

SEARCH

让我们假定在某一时刻，我们讨论过的所有来自隐私、安全、技术能力和才华以及资金方面的问题都得到了解决。这可能有点儿一厢情愿，但请先暂时和我一起往下看。众多挑战看似难以克服，也不是懦弱之人能处理的。比如，你能阻挠每年营收和股东权益产出以数十亿美元计的那些巨型公司吗？迎接数字自身复杂性的同时，你还能确保个人数据的恰当使用和手续的完备吗？如何建造全新的、必要的软件和硬件设施来使用和处理这个越来越数字化的世界？

这些困境要解决起来，随便哪个都是一辈子的工作，还不能保证一定成功。但要是我们将自己从当前的技术困境中抽出身来，将搜索提升到它完全能做到的那个领域，而不是简单地接受现状，结果又将如何？搜索系统能做到什么呢？

在这最后一章中，我们要进行一个简短的思想实验。让我们稍停脚步，假定我们已经解决了搜索如今面临的最复杂的问题，拥抱搜索，因为它为我们成为更好的自我起到了铰链作用，从而检视搜索的更高目标，看看它在文化和社会方面会产生怎样的影响。

数字化的你：真正得以量化的自我

如今，测量一个人的行动特征或者睡眠模式似乎都很常见。这么做当然好处很多：鼓励多走动能促进健康生活，优化睡眠周期，更好地了解卡路里的消耗，还能对这些数据加以对比，展示自我进步和他人的进步。换句话说，只要对用户有明确的好处，他们是乐意用数字化方式存储个人信息的。你能想象，以前有些系统会问你每天走了多少步吗？你的第一反应大概是："我为什么要告诉你?!"当人们发现主动提交这一个人信息有了明确的好处时，人们——而且是数千万人——才会去购买各类可穿戴设备（比如Fitbit、Nike+ FuelBand和Jawbone UP）。

我们其他的物理数据也会经历同样的过程。当我们看到分享信息能获取价值后，会更愿意提供数据。技术圈必须要解决的问题（除了隐私问题之外）就是为什么人们要允许系统存取？我们这些与技术世界打交道的人需要为真正的数字自我打造一个实例。我们需要描绘出一幅画面，即一旦对人类有了全面的了解，将会为整个社会创造出什么？另外一种做法是继续走当前的模式，循序渐进地、拼拼凑凑地把我们自己的不同方面进行数字化，但会充斥着层级的不匹配（我们在数字世界中对人类基因组构成知之甚少，却对人们的观影习惯耳熟能详）以及不同级别的隐私控制。要把我们需要捕获并保存备用的方方面面的价值定位搞清楚还需要太长的时间。所以，我们需要更积极地将我们的一切加以数字化，看到隐藏在数据之后的、我们作为人类无法处理的真相。

在我的技术乌托邦里，我希望我们有一个单一的数字仓库来保存我们自己。每个人的特性——不管是推导出的还是直接表述的——都将由其“所有者”保存并控制。那样的话会是怎样的场景？

- 我永远不用再自我重复。如果我告诉一个系统我喜欢飞机上靠窗的座位，我绝对不想再有另外一个系统问同样的问题，除非我的行为常规性地违背了我的声明。比如我说我喜欢靠窗的座位，但老是改变我的座位或者一旦登机就改到靠过道的座位，那么系统不该忽视这一点而应该问我，它所知的（我的习惯）是不是真的如此，必要时系统还要更新我的档案。
- 我在任何设备上的所有隐式行为都会得到保存并建模。系统知道，我准备飞往佛罗里达的时候看到经由丹佛的航班选项，但我从来没有挑选。换句话说，它通过观察我在设备上的动作理解了我的想法，并将这些信息保存起来备用。我绝对不想看到经由丹佛的选项，因为我从来不会选，除非没有其他的方案能满足我的需求。

- 我的所有基因和健康信息得以常规地保存和更新。我上次得感冒是什么时候？我的皮质醇水平什么时候曾经过高？一天之中哪个时段我的脉搏氧饱和度仪读数降低？我们不再是简单地计步，而是拓展了一个全新的能力，无须太过努力就可以通过量化自己而过上更健康的生活。你的血糖是不是在降低？这一情形发生时，你是不是有嗜睡的倾向而且生产力低下？如果你的血糖降低，系统应不应该提醒你吃个橙子来避免这种情形？
- 我的每个朋友的信息以及我每次交往的信息都得到搜集。想象一下，你和每个认识的人的每段文字交流或者WhatsApp（通信应用）对话都被保存起来便于日后分析。搜索系统若能识别出哪些是你的朋友，他们对你的意义又是什么，就能帮助你跳出泥淖，或许还能帮助你在思考问题时拓展思路。这样也能通过更高质量的交流和体验来加深人际关系。
- 有能力看到人们之间真实和潜在的关系会给所有的交互带来更高的产出。想象一下，你见到了某人并进行了一次有关非洲老虎的有趣对话。次年在同一个会议上又见到了此人。如果你在过去一年中的某个时候和

> 资助研究这些老虎的人有过一段对话呢？要是你在会议上见到这位同人时，系统提醒你有这回事会不会很吸引人？如果我们无须费力就能回忆并传递我们认为可能对其他在我们网络里的人的生活和工作有价值的联系人和信息呢？想象一下我们能做到的益事吧。

除了系统能理解我们的完整自我之外，我们周围的传感器也能让系统了解更多的东西，构建我们“真实”的自我。想象一下，你再也不用为退货而扫描发票，或者记住你上个月买了什么，或者担心你昨晚的进食和你今天计划要吃的药物发生反应了。在由报告并分析现实世界的廉价设备的推广而带来的量化现实中，记录如下事项再简单不过了：

- 我购买以及退货的每件物品及其尺寸、颜色、样式。所有这些信息整合到一个模型中，代表了我的真正的兴趣和爱好。
- 我在线上和线下所阅读的一切。我真正读完一本书而不是半途而废的频率是多少。
- 我去的每个地方以及何时去的，待了多久（用目前的传感器）。
- 我吃喝的一切东西，什么时候吃的以及频率（用新的传感器）。
- 我看到的一切东西，每样东西让我有怎样的感觉，现实生活中我又和谁交往。

可例举的还有更多。要点是什么？我们今天所认为的数字自我不过是即将到来的数字自我的一个投影而已。我们真正理解自我以及所生活的环境的能力——也因此让系统为我们的利益服务的能力——将超越科幻小说所描述的。

一个更数字化的世界

这个世界正向着大范围的数字化冲刺，但是科技企业可以做得更多，用更少的时间促进一个更保真的世界。换个说法是，企业能为内容制造者提供一些利益，鼓励他们为数字网络更多地贡献信息和服务。我们也能让使用者更简便地贡献他们的观察和行动，来为物理世界建模提供帮助。

制造者的数字化

借用新网络能力的第一步是要有一些新的玩家，建立商业模式，鼓励内容和服务制造者更全面地将产品数字化。全新的公司将建立可行的商业模式，鼓励制造者将一切放到线上。下面举一些可能的用例，来激发各位的想象力：

- 农场主利用计算机视觉来监督他们摊位的存货情况，向搜索系统提供实时的库存报告，从而找到潜在的新客户。
- 旅馆利用廉价的内嵌RFID（无线射频识别）设备来

帮助客人找到杯子或者帮助清洁工找到阳台上用的室外靠枕。

- 零售商店利用客户的移动设备生成客户在其店铺内的实时位置地图，更有效地将客户引导到他们想去的地方。
- 工艺品制造者利用新的高分辨率 3D 扫描设备向潜在客户更好地展示他们的产品，甚至可以用家用 3D 打印机打印原型。
- 城市部门和公共事业部门可以为他们的员工和资产配备廉价的传感器，测量电网状态、午餐时人行道红绿灯的时间等所有数据。
- 工业厂家可以使用来自通用电气公司的顶尖部件提高效率，而且也能为下游供应商提供实时状态。
- 本地商店没有那么广泛的网络影响，它可以使用便宜和简单的网络摄像头将菜单、运营和服务时间数字化。他们也可能使用 99 美元的平板电脑把这些照片变成真正的售货系统，兼具预测销量和库存的能力。

这只是几个例子。只要你想一下你和物理世界每日的交互以及其中的商机，就可以想到更多的例子。但是有一点很重要，需要牢记于心。那就是，对生产者的奖励必须协调一致。生产者多花一秒钟时间去量化他们的业务，就意味着少了一秒钟去经营他们的核心业务。很多情况下，把工作数字化对他们的经营而言毫无疑问是有好处的；而在某些情况下，利用这个越来越数字化的世界，让其他的数字玩家（数量确定的居民和其他生产者）能基于他们的工作继续创造也是一个模式是否可行的关键。

用户和居民的数字化

要想达成全面数字化世界还要允许用户主动及被动地为真实世界建模。这么做其实已经有十几年的历史了（比如Yelp和美食应用软件Foodspotting），使人们把在真实世界中的所见所闻以一种可以被机器和其他人使用的方式留存下来。只是这样的过程现在还太复杂，也太费事。来自用户的产出仍然遵循维基法则：2%的人创建，其他的98%进行浏览。

为了我们这个即将数字化的世界，我们需要利用用户对其周边的被动捕捉。我们想要永久保存每个人的足迹和数字印迹，但也要能实时对其加以使用。这一能力可能以几种形式出现。比如：

- **你身上“永远聆听”的设备可以捕捉你的对话并从中找出规律。**比如，你坐在越南乡村的一家素食餐厅里对女朋友说食物太棒了。哪怕你以后能记得这个地方的名字，也很有可能永远不会在Yelp上给这个地方评级。但是这段对话可以被记录并数字化（甚至在当时就由你的设备捕捉到了），然后加以整理、综合并发送到云端。于是其他人就知道在某个特定的经纬度上有个地方，那里的素食很不错。
- **对在任何地方看到的任何东西进行视觉捕获。**有一些应用服务正致力于此，比如比尔·巴克斯顿的LifeCam以及新出现的可穿戴相机Autographer。它们不仅捕获你看到的东西，而且会提示周围环境中有趣的东西，比如时间、地点、方向等。将这些信息上传并标记上数据，可以提供更多的情景相关信息。这将为以数字方式重建这个世界做出巨大的贡献。

- **下一代的传感器来测量物理位置的噪声水平，**比如餐厅、酒店、列车、公园等。
- **对用户输入系统的信息进行双重验证。**即使农贸市场的原厂摊位报告说还有不少鳄梨，但是一位采购者脖子上照相机拍下的那个位置的快照可能说明了另外一种情形。
- **结合一系列传感器向搜索系统报告实时数据。**可以是星巴克现在要排多长的队，也可以是急诊室要排多长的队。
- **提供生理反馈的传感器可以帮助理解你喜欢什么，讨厌什么。**想象一下，通过很简单的穿戴传感器，搜索可以检测你的心跳和呼吸，从而理解你真正喜欢的是哪本书（甚至是书中的哪一部分）。或者想象一下Kinect能在你观影的过程中测量你的心率。从这些被动信号中搜集到的信息可以让系统在你搜索下一本要读的书或要看的电影时，构造令人惊奇的个性化推荐。
- **车中内置传感器以及可以跟踪速度和位置的设备。**这样的传感器可以回答那个古老的问题：此时此刻，走普通道路要比走高速快多少？

- **简单的化学取样设备。**它能帮助你和他人知道，各类食物是如何影响和你的生化构成一样的人的血糖。
- **身上或者鞋上的传感器。**它能发现并报告你周边人行道上出现的裂缝。

你应该理解了。主要的问题（和主要的机会）是：我们如何利用人类持续的运动，利用廉价传感器（它们很像我们人类的自然感官，但是保真度高得惊人）的大量涌现来观察我们周边的世界。而且重要的是，我们如何将这些信息翻译到我们的数字系统中，帮助这些系统理解我们周遭物理环境提供的可能性和约束。

控制循环

我采访兰诺斯实验室的杰里米·康拉德时，他跟我说了很多，其中最有趣的是：生产硬件之所以如此便宜，其中的一个原因是现在制造出来的每样东西都带有一个所谓的“控制循环”。他的意思是，厂商不用制造容错很高的很精细的机器（这样会增加制造成本），而是制造稍微便宜一些的版本，配上廉价的传感器来测量系统内的错误。以前，厂商或者运营商不会得到系统的任何反馈，除非系统出错引发的问题大到能被人类注意到。测量火花塞剩余寿命的能力算是最好的了。基本上，只有你的机械师去检查的时候才会测量（但事实上，这么做的频率有多高？）。如今，引擎每秒钟可进行上百次这样的测量，能够检测出异常现象，而不让它们变成问题。

因为我们所有的机器以及很多系统不再是单向客户，而是有能力实时报告状态的组织，所以我们的实时纠错能力也提升到了前所未有的程度。我们想象了数字自我和数字世界，现在再想象一下我们能检测出所有这些数字人、地点以及一切东西中的异常——而且是实时的。想到下面这些场景就让我兴奋：

- 交通灯根据行人流量的拥堵或高峰情形做出反应，自动调整。
- 哪怕是最小的店铺也能知道什么时候应该订购某个特定产品，增加库存，因为销售系统会根据销售历史来建立预测模型。
- 基于全基因组定位和系统的进步，并结合你所食用的食物成分以及这些成分如何与个人生化系统交互的知识，系统能持续地对你的食谱进行修订。
- 智能家电（如洗衣机和干衣机）会和电网沟通，不再是根据你指定的确切时间工作，而是在电力最便宜而且电网最空闲的时候启动。
- 基于各个学生学习的方式，教育模型也会实时修订。像可汗学院这样的站点已经能让老师发现某个学生在做作业时遇到了困难，并让老师根据学生的需求度身定做地给予指导。这样使用系统来实时调整教学已经离我们不远了。

如今，根据历史数据对未来行为进行实时调整已经不是新概念了。你可以把它认为是所谓“A/B测试”过程的一个进步。在A/B测试中，我们会发布一个概念产品的两个版本，然后确定哪个版本在我们目标的衡量下表现更好。胜出的那个继续留下，而失败的那个将弃之不用。这一类型的测试——借助硬件中的控制循环，只要新的信息表明如何能做到更有效，就修改运行参数——可以应用到物理世界中。而且更令人激动的是，数据搜集和行为结果之间的间隔大大地缩短了。

对生活、宇宙和一切的影响

读到此处，你可能高兴坏了。你想象着这样的世界：一切事物如应有的样子工作，你的每个愿望都已被事先推算到，体验与生活提升速度是指数级的。或者你可能被吓坏了，你跑到最近的店里买了锡箔卷，准备把你的脑袋、房子、宠物都包起来，试图阻挡即将来到的“大社会”。或者你完全糊涂了，并且怀疑这样的一个新的搜索世界有可能实现吗？有必要吗？

要记住，在本章中，我们假设我们已经解决了那些最大的隐私、技术和社会问题。我们假定，完全的数字化自我的出现是因为没有大规模身份被盗或者隐私入侵的风险。我们还假定，通过建立这些复杂而耗费巨资的节点系统，能为股东带来回报。有了这些假定，让我们来看看通过逐步的数字化使世界越来越美好后，会产生怎样的影响。

个人影响

人和机器之间的这一共生（或者说“铰链”）会创造一个更健康、更充实、更有效能的人。作为一个物种，我们人类会有更多的时间去休闲，随着我们的行为更少地犯错，失望逐步减少，我们对决策也就有了更大的信心。让我们来探索一下，这个铰链对我们每个人可能会有的一些影响。

效率是快乐的关键

也许是因为我有着德国血统，我发现很少有事情比让生活更有效率更刺激的了。我们进行思想实验的现实是，一个全面数字化的自我和世界能大幅度地减少人与人、地方、事物所有交互的低效率。

但是我母亲经常提醒我，效率提升不是唯一的目标。她会问:“就只有效率了吗？对生活的享受、对幸福的追求呢？意外之喜呢？”对此，我的回答是，这取决于我们为什么要追求最高的效率。如果效率所产生的更多的是在由数据驱动的可能性和规则统治的社会中的一个更死板的结构，它使我们的生活缺少了意外和发现，那它就不是我们想要的。如果追求最高的效率主要是加速我们的生活，从而能增加各类小部件的产出，那也还不是我们想要的。

我对效率的看法不同。对我来说，更高的效率意味着我们有更多的时间去呼吸、思考、做想做的事。我们不要当机器人，我们要远离世俗的枷锁。

一个日历如果复杂到包括出行、记住约会和任务、在邮局投递包裹，以及其他大大小小的任务，那么谁都不愿意去对它加以管理了。没有人愿意在决定穿什么出门前先测量一下紫外线指数。没有人愿意痛苦万分地花上 30 分钟，在数百个低劣的 Netflix 自制电影中浏览，从而找到一部能为周五夜晚带来快乐或者思考的电影。

搜索和数字化到了一定程度，就能将这样的任务自动化，使我们的生活更有条理，释放社会中无穷的好奇心和创造力。如果系统提示我在某个时刻要出发，去看我女儿的足球赛，我就不用总在我工作的时候看时间了。和一般的看法不同，我们人类实际上没法做到一心多用。我们不能同时做两件事，我们只可以在非常短的时间间隔内做两件不同的事情。更糟糕的是，我们只能在短期记忆中保留 5—9 个事项。也就是说如果你为了不错过比赛而查看时间，你就占了一个或多个事项位置，而它本来可以用来完成你的任务。让我们不必每时每刻都进行“分时”操作，意味着我们可以集中精神完成那些需要我们全力以赴的事项，最终也意味着我们有更多的自由时间去看《亚特兰大贵妇的真实生活》了，如果这是你想做的事情的话。

这让我想起克莱·舍基效应。舍基博士是纽约大学的一位教授，也是我认识的非常聪明的一个人。他有一次提到："美国人每周花 2 000 亿小时看电视。要对这个数字有概念的话，我们不妨举维基的例子。维基的整个数据库估计也只要花 1 亿多个小时就可以完成。这就意味着这个国家的人民每个周末都花费了构建整个维基百科的时间来看广告！"换句话说，如果我们真的很有效，那么我们每周都可以创建一个维基百科。但是他认为我们做不到，我们在大部分时间里是被动的消费者。他说得对。但是我想提出另一种可能：如果我们不会因为管理日常认知的粗鄙而精疲力竭呢？我们还会觉得有必要晚上进入关机模式，赶着看完《纸牌屋》吗？想象一下吧，如果我们不需要花费那么多精力管理那些琐事，我们也许会有时间进行更有创造力的思考。

信息不对称的终结

对于能进行搜索的人来说，搜索有可能成为一个了不起的平衡器。下一代搜索科技的影响中，最有趣的一个是减少信息的不对称。为什么这很重要？一个良好运作的资本主义经济体系总是基于所有的玩家可以获得同样级别的数据。换句话说，只有买家和卖家能对货物或者服务的价值做出公平的评价，市场才能处于最佳运行状态。如果交易双方中的一方有更多或者更好的信息，那另一方就能利用这一不平衡而达成对其更有利的交易。2001 年诺贝尔经济学奖授予了那些在该领域领导了现代研究的经济学家。他们表明，在被利用的最坏的情形下，信息不对称是如何导致市场崩溃的；而一般情况下，又如何使得人们每天做出上百万个不理想的决定。

我们举个简单的例子来说明信息不对称是如何造成经济损失的。考虑为一辆车延保的问题。该买家（在本例中，更可能是信息获取少的一方）看到的选项是再花几千美元来为他的爱车延长保质期若干年。他应该如何做决策？当然，卖家呈现的价格体系考虑到了这辆车过往的表现，比如车辆在原保修结束后多久需要维修保养等。买家可能并没有这样的信息，因此他做出买或不买的决定都是基于卖家的论断（该车电子系统的平均维修费用是 1 200 美元，而且该系统一般在 4 年后会出错），而不是基于一个真正的基于失败概率的统计学模型。

搜索能平衡对知识的获取，使得市场更有效。

综合信息的缺失与金钱的时间价值（客户在购买保修上花了 2 000 美元，如果他将这笔钱投资 4 年的话可以获得多少收益呢？），你就看出信息不对称带来的坏处了。延保是好是坏我们不论，因为这不是关键。问题也不在于买家在当前的模式下没法做出对他最有利的决定，购买保修可能确实非常重要，因为车载电脑（诊断系统）的数据表明，随着车龄的增加，那些昂贵的电子模块会失效。问题在于：不了解完整的情况会将买家置于不利的地位。反过来说，这辆车上可能只是头灯清洗模块坏了。但这样一来，买家就花费了很多钱来为一次相对便宜的维修埋单。

我们在数据和搜索驱动的环境中再次想象一下这个场景。汽车将拥有（而且越来越普遍地）将系统的状态和健康情况通报给云端的能力。哪怕制造商在缺省时没有激活该功能，我们也可以开发一个硬件和车载电脑交互，然后和一家分析这些来自车辆的实时数据的公司交流（就像我们进行的其他预测分析那样），并确定过了一段时间后，某个模块可能会发生什么。比如，系统可能检测到该型号车的压射室中，油氧混合比不是最佳比例（这是很简单的探测）。这一事实本身可能没什么意义。但是如果和来自其他数十万辆车的数据加以组合分析，其结果就可能预示了更严重的供油系统问题（推断依据来自那些有这个压射问题而后来发展到更严重问题的汽车的数据）。如果司机有了所有相关的信息，那么即时维修可以预防更严重的问题。或者，回到购买延保的例子，也许这样的数据搜集能让用户知晓购买保险是合理的，因为这个车型有可能会出问题。

如你所见，搜索技术具有让这个市场运作更好、让人们的生活总体过得更好的能力。这一能力可以很普通：你的机师推荐更换刹车片时你应该问他有没有必要，因为他的朋友正好是刹车片的代理；它也可以很深刻：你的基因表明你很可能会得帕金森综合征。

慧眼识珠

搜索的能力为其带来另一个有趣的角色：根据遗留在数字世界里的潜藏足迹，找到坏人。我们之前讨论过，搜索技术的美妙之处在于，它能在数据中找到我们人类看不到的东西。我们之前的例子（虽然里面没有坏人出没）说明，零售连锁公司塔吉特推算出一位年轻女子怀了孕（而她还没有告诉她的父亲）。虽然这位年轻的女儿和父母同住，表面上看父母也知道她大体在干什么，但只有相关数据的力量才揭示了她怀孕的事实。在这样的情形下，塔吉特利用其海量的数据储备——客户任何时候在店内采取一个行动都会采集这样的数据，比如兑现优惠券、购物、退货等——以及从第三方中介买来的数据，构造了商店购物者的一个档案。在本例中，塔吉特的数据挖掘团队能建立这样的一个模型，将购买无香味皂液、超大提包、营养补充剂和怀孕联系起来。确实，这位姑娘购买了一堆这样的东西，于是就让塔吉特在她父亲知晓之前就得出结论：她怀孕了。

先不论来自隐私的挑战，还是有些人会说，尽管我们对数据的存取越来越开放，但是在那些可以存取数据的人和可以根据数据推演意义的人之间还是有很大的鸿沟。要记得，有数据是一回事，但能总结数据又完全是另一回事。数十亿互联设备和我们的行为产生的数据量越来越大，一般的消费者要想从这些噪声中找出规律是很有挑战的。那些拥有巨量计算资源的人天生就有优势，哪怕他们还没有意识到如何利用这个优势。

我认为一个工业将会兴起，而其目标就是让用户更好地获得来自公共和私人数据的洞见。我也担心均衡器不会出现。让我们回到对沃尔夫勒姆语言以及类似Ayasdi这样的公司的讨论。我们发现，一般的用户输入非常简单的自然语言查询，他们得到的洞见之前是在信息科学领域才能获得的。随着沃尔夫勒姆互联设备项目这样的创意更全面地得以实现，我们搜集到的数据也会越来越有力。例如，想象有一位小商业主能将她店铺外的人流和特定的天气条件加以关联。也许在下雨天，经过小店去往商场的人数增加到 4 倍。她应该怎样利用这个数据为促销和海报做一个更好的决定呢？现如今，如果你不能访问主要的数据源和计算云，这几乎是不可能完成的任务。而再过几年，这样的信息将俯拾皆是。

信息不对称的降低还有可能从根本上提升我们的能力，使我们过上更完整、更有生产力的生活。数据爆炸有一个好的副作用，就是增加了意外之喜和机会。这是因为系统发现了人和物、事之间的隐藏关联，而之前这样的关联只有那些高度信息化的人才能获得。

Inome公司位于西雅图，它所做的就是在大海中去打捞这些信息之“针”。通过对在线数据的筛选，公司找到了人与人之间隐藏的关联。我们做业务的人都知道，网络通常是我们要与之打交道的最强大的工具。问题在于不是每个人都有一个具有影响力的网络。换句话说，我也许能让我女儿进一个好学校，但不只是因为她很优秀，还因为我正好认识一位理事。这么做公平吗？当然不公平。这样的事是不是每天都在发生？毫无疑问，确实如此。Inome希望通过揭示人们认识的人的关联——人甚至根本就不知道这样的关联的存在——来帮助人们发现潜在的网络。通过解释这些隐藏的关联，人们就更有机会找到对的人来寻求帮助、聆听建议或者建立更多的关系。像Inome这样的公司正借助更有能力的网络将数据关联的力量带给每个人，从根本上提高我们的社会中信息对称的水平。

社会影响

对数据、知识和智慧的获取所带来的好处，远远不止让我们自身的生活更美好这一点。一旦这个世界可以访问这样的系统——该系统能访问并计算几乎无限数量的数据，而且这些数据基于现实而不是谣言和恐惧——我们的社会就能本着长期繁荣的目的而做出更好的决策。

理性遍及

除了让我们个人的工作和日常任务更加高效，新的搜索系统能帮助社会不去做那些花费太多社会时间、产生糟糕决定、总体而言产生的长期结果出乎意料并通常是负面的任务。回想我们的政府在每件事情——环境问题，移民问题，自然资源探测，医疗保障——上“争论”不休，可又有谁能说这些确实提高了合众国长期的繁荣稳定呢？ 2014 年 6 月的时候，对美国国会的大众支持率降到只有 7% 确实是有理由的。讨论得太多，结论却没有。这让大众十分愤怒。

回想我们之前的章节，我们看到可以根据某种程度的可能性来构造行为，我们不需要“想象”某件事发生，也能对此事产生的结果的确定性加以某种程度的肯定。由情绪驱动的问题决策会跳出修辞和情绪的领域，而进入概率的领域。你可以花上一整天辩论说，人类产生的二氧化碳不会对气候变化有作用，但是事实表明它们有可能会。如果我们的星球、上面的每样东西以及每个居民都得到建模，他们的交互能加以推算，那么确定一连串的行为来平衡环境发生巨大变化的可能以及灾难性的经济影响就变得容易一些。对公共交通的资助会是一个很容易得到认可的命题，因为我们会理解到，走不同线路的驾驶员的数量、路上交通流量变少对交通和污染的影响。健康政策也更容易形成，因为模型会演化，为不同的健康状况和人口找到最好的治疗方法。

同时，考虑一下对我们用来精确追踪候选人实时好恶感的政治“天气”系统的影响。美国两党要展示的最响亮、最明显的元素不过就是：噪声带来的异常而已。美国大多数民众的真实感觉越透明，问题会越凸显。

当然，我还不会幼稚到相信数据和搜索系统能解决所有的社会疾病。下一代的搜索能削减游说，平和媒体，让我们众多的同胞从麻木中奋起，修正我们的合众国（美国）中所有一切不良情形吗？不可能。但是我认为，如果接近真相的东西公之于众，那么任由毫无约束的力量去支配我们的民主（以及其他的民主）就会变得更加困难。

信任、助推和社会之善

我之前说过，我们正进入一个搜索的黄金年代。搜索有能力创建人类历史上最幸福、最健康、最有生产力的时代。但是这样一个时代只有我们信任并利用我们的“铰链”，将一些任务和决策转交给可能比我们更有竞争力的系统去处理后才会出现。这也就是为什么我们必须信任系统的原因：习惯总是很顽固，而如果我们建立的系统要求我们的行为做出改变（比如要求人们问更复杂的搜索问题，而不是输入几个关键字），我们将面临学习曲线的挑战。有些人能全面拥抱这个新方式，而有些人会落在后面。这样一来，不仅是更强力搜索的整体进程会被拖延，还会加大那些适应了的人（他们对健全信息的访问更完善）和没能适应的人（他们的访问更受限）之间的隔阂。

想象一下，在竞争一个工作岗位时，你的对手可以访问实时决策工具，而且知道怎么高效地使用它，那对你会有多大的压力？要让搜索成为我们生活的基本要素，它需要被植入到我们日常所做的每件事情中。而要做到这一点，人们需要信任系统：系统以无论在怎样的时间段来看都可能产出最佳结果的方式去代表人们行动。

所以，让我们假定我们能对未来建立更好的模型，并且有安全措施来尽可能防止那些我们不想要的后果，再来看看能做到什么。如今正在应用的一个实际案例是所谓的“助推”活动。这个概念由理查德·泰勒和卡斯·桑斯坦在他们2008年的著作《助推》①中首先提出。其核心观点是，惯性在人类行为中扮演着重要的角色。也就是说，本质上我们更愿意继续做那些简单的事情，哪怕它对我们不是最有利的。泰勒和桑斯坦认为，可以设置

① 《助推》由中信出版社于2015年4月出版。——编者注

一些条件，把人们向有利的方向助推一下，但不限制人们选择的自由。换句话说，人们通常会忽视短期成本微小但会带来巨大且长期收获的行动。聪明的行为学科学家构造了一些场景，使简化的决策得到更好的结果。比如，英国行为洞察小组又称“助推小组”最近得以私有化，为的是更好地利用小组在非政府应用上的研究。他们的研究表明，消除进行更好行为的障碍会带来正面效果（比如自动将雇员加入养老金计划而不是让雇员来主动参加）。

我们可以将助推的能力和新一代搜索模式的能力结合。要是搜索系统基于对世界、对你的知识以及可用的选项，可以对你施以助推来让你采取行动，而这样的行动虽说可能不是基于你短期的最大利益，却能在中长期为你带来好处，你会不会接受呢？我们来举个简单的例子：食物。想象一下我坐在一家餐厅里。我的设备知道我身处何地，它向搜索仓库发出查询，以了解该位置，并获得餐厅网站上能找到的菜单。与此同时，它分析菜单上各菜式的营养成分（包括根据菜式的描述分析出其可能的配料）。当然，前一件事只要简单地分析网站内容就能做到，但完成后一件事需要靠搜索对这个世界的内在理解。它能理解到，一个“汉堡”可能包含牛肉、面包，可能还有一些芝士和生菜。

助推：只要从长期看是有利的决定，就不要阻挠。

这时，事情变得有趣起来。我的搜索代理知道我的很多事情。事实上，我让它可以访问我的基因档案。因此它基于我的基因，能知道我可能会有怎样的健康风险。它发现，我得痛风的可能性比一般人高1.57倍。由于痛风很大程度上受到非基因因素的影响（比如我的饮食），搜索可以很容易地扫描餐厅提供的已知事项（营养成分）和推断事项（菜式描述）将我助推到某个特定的方向。如果我正在两种同样美味的开胃菜中选择，搜索就可以根据我容易痛风的情况，把我推向可能对我更好的那一种。

我们再看得远一些。想象一下，结合了物联网和对个人的了解，怎样阻止酗酒倾向。根据疾病控制与预防中心的报告，美国成人消耗的酒精中，超过一半是酗酒产生的。每年因这一过度饮酒的习惯而造成的生产力、健康保健和犯罪损失有差不多2 500亿美元。

我们可以想象一下，政府（甚至是一个私人酒吧）如何利用搜索的力量来控制饮酒而避免糟糕的结果。未来的Fitbit腕带可能内置人体电流传感器（这是一种廉价的传感器，如今用来测量你身体内的电流活动。已经证明它可以测量佩戴者的酒精含量）。也可能的是，下一代穿戴设备会有内置的脸部照相机（类似奔驰车中的系统，检测驾驶员在开车时是不是昏昏欲睡），可以在你泡吧的时候测量你的瞳孔放大程度。结合详细的个人信息和酒吧中的智能点单系统，随着某人越来越醉，系统可以用不同的方式中断饮酒，比如延缓后续饮品的服务，提高饮品的价格等。这样一来，技术和助推的原则协同工作，创造了实实在在的社会和个人利益。

商务影响

1937 年，一位名为罗纳德·科斯的经济学家就“公司”的本质问了一些非常基础的问题。简单来说，他的问题是：“公司或者企业因何而崛起？”如果市场真的有效，而且市场会奖励提供某个产品或服务最好的那个厂商，那为什么业主会雇用人来完成某个任务而不是外包出去呢？

显然，答案在于使用市场还有相关的交易费用。哪怕存在一个高效率的部件厂商，它可以和你雇用的员工在效率和价格上进行竞争，但是你为了找到他们而必须进行的工作使得将员工雇用入厂才是更有效的办法。

如果找到某个产品或者服务的外包工或者更有效的厂商变得很便宜呢？如果查找你的公司现在所做东西的搜索费用降到近乎为零呢？也许，搜索这些部件的低廉费用会打破公司的平衡，因为如今它们自己有所有的人才（但是其利用率不是最高的）。如果整个企业界都呈现轻耦合的人们在需要的时候协同工作，共同提供一个产品和服务呢？

当然，在我们所描述的世界中，每个人、每件事都有一个数字表征，找到一家工厂有多余的产能来生产你的部件或者找到一位律师有空余的 15 个小时来处理合同谈判都是很简单的。科斯不是说搜索费用是组建公司的唯一理由。商业秘密、议价的费用以及政策规范都是成立公司的合理理由。但是找到合适的人或公司来完成工作看起来是公司费用中高得不成比例的那部分。我认为搜索能够改变这一点。

搜索技术能促进更好的管理，更有效率（也更幸福）的公民，以及人力资源和基础设施都更节省且更有成果的公司吗？可能性永远存在。大规模的数字化——更有力搜索的关键——已经由消费者引导，也存在短时间内更高凝聚力的商业模式。当然，很多发达国家的消费者正寻找方法从他们那备受困扰的日程中抽身出来，交给系统，从而节省时间，变得更机智，广泛地最大化他们的清醒时间。

在一些西方国家中，管理和助推正温和地将社会融合为可更持续发展的一场竞赛。这已经不再只是想法，而是已经得以全面实施。当各地的人们开始拥抱“铰链”的力量时——当然，我们也要处理隐私、安全及可行的商业模式等重要问题——我们作为一个社会就能放弃那些无用的尝试，不再去试图理解并控制这个越来越互联且吵闹的世界中所有的变量。哪怕因为理论或实践出了错，我们最终得到的并不是我们想象中的技术乌托邦，但只要一个领域获得进步，就会在众多领域中产生巨大的收益。

结 语 ▌SEARCH

搜索的未来

通览全书，我们浮光掠影般地看到了搜索面临的挑战，但我们也看到互联的设备、智能系统和对真实世界的高保真描述可以实质性地改变我们思考行动和管理生活的方式。

我们看到通过助推，搜索怎样帮助人们在特定情形下如此轻微地改变人们的行为；我们也看到通过强化，搜索如何保证用户再也不会忘记任何需要记住的事情。搜索和这个世纪中其他所有技术奇迹一样，意义深远。但是我们还远远没有发挥它的作用到极致。

正如我们所知，其部分原因在于运作这样一个搜索系统的财务现实。要建立并运作类似“天国先知”这样一个东西花费巨大。所以在其开发过程中，怎样为其埋单必然占有重要的地位。

这些财务限制延缓了搜索更全面的发展，但是通过创新的广告模式和直接支付，我们看到地平线上出现了希望的微光。

从技术上说，如果不能跟上它们要面对的呈指数级增长的数据量，搜索系统也可能受到限制。但很多人在和摩尔定律打赌时都输了。即便如此，数据泛滥这一现实也还是太强大，难以克服。数据科学家总会斥责这样的说法，比如“只要有足够的数据，你就能预测任何事情”。他们注意到，相关性并不是因果性。搜索的未来靠遵循关联性模型能表现出色吗？恐怕不能，因为我们可能会修改行动，但是该行动对结果没有任何效果。然而，可以肯定的是，在这个大数据无所不在的世界里，把关联性作为一个起点并用它来帮助验证假设，对我们用科学的方法追求真理有着积极的影响。

但还有部分原因是，人们不确定他们是否想要一个充满更多智能机器的世界来让我们人类变得更好。这么想不是没有道理。美国国家安全局的间谍计划被曝光，政府和非政府机构搜集了那么多数据也让很多人犹豫，公民们也越来越全面地考虑他们数字自我的重要性。如今，有关隐私和安全所进行的严肃讨论大部分还局限在那些在数字世界中工作的人。但是，如果我们不断看到出于合法或者恶毒的目的，数据被泄露、挖掘，那么担心可能会蔓延。

但是，从某些方面来说，更多的个人数据可以防止出现糟糕的推测或结果。例如，一个简单的相关性程序发现我给巴基斯坦的一个号码打电话，而且我经常到中东地区旅行，这可能致使某个部门认为我正在做一些他们不希望我去做的事情。但是，更多的数据能让执法部门看到，我只是和一个朋友通话。我们只是给他住在拉合尔的母亲打电话祝她生日快乐而已。他们也能知道我到中东旅行是访问我的公司设在那里的研发中心。

除了侵犯隐私，还有其他的担心。有些批评家——如伊莱·帕里泽在他的《滤子泡沫》一书中写到的——认为引入超级个性化和智能中介将对言论构成危险，对一群见多识广的人群是威胁：这是因为只披露了人们想看到的信息。我们对系统还是没有信任。这种对机械的怀疑论太庞大而无法被认识，而且在很多情形下也没法被理解。

我是一个技术乐观派。我看到的是，搜索以及支撑它的系统消除了我们的无能。我看到的是进步，比如休·赫尔得到了帮助。他双腿截肢，换上的义肢在多个方面都比它们的生物对应物要强。他参加精英级别的攀岩比赛。赫尔是麻省理工学院媒体实验室生物力学研究小组的组长。我见过他用数据和传感器替换了一位舞蹈演员的腿。这位演员的腿在波士顿马拉松爆炸中受伤，但是现在还能继续她的舞蹈生涯。

我能预见到，患有痴呆或者阿尔兹海默症的人可以通过设备和系统来获得强化和帮助。这些设备和系统能替换他们失去的一些东西，如东西放在哪里的记忆以及对爱人的认知（这可以通过诸如谷歌眼镜这样的设备来获得帮助）。我看到，人们可以和爱人在一起更长时间，不再被交通阻隔，而在做出一个不那么好的交通决策后这样的相处时间就会变少。在我看来，搜索会是一个更充实、更幸福也更有效社会的支柱。这是因为搜索会消除障碍，指引我们采取最有效的行动，在社会中形成透明度，从而重新定义我们思考和互相交往的方式。

会不会有坏人恶意地使用系统给予的权力？当然有。会不会泄露或曝光了太多的信息？当然有。在短期内坏人会不会胜过了好人？有可能。网络和搜索中都发生过这样的事情。特别是在搜索领域，不择手段的人千方百计欺骗引擎去显示他们的网站，经常引诱用户点击某个广告或者注册一个服务。如今，更复杂的攻击（钓鱼诈骗、用恶意软件感染用户电脑的假网站）每天都在发生。这么做的目的就是出于各种理由让用户泄露个人信息。

同时我也看到，人类不屈不挠的精神击败了这些坏人。2011 年，埃及政府关闭了手机和对互联网的访问，为的是防止示威者之间的沟通。然而，人们却用传真机发送老式拨号调制解调器的号码，让示威者能进行交流。人类就像是水：我们体现着自然。已经过世的未来学家和作家迈克尔·克赖顿说过：人类总能找到方法。

说到底，我们需要拥抱这种混乱性和复杂度。就让我们去面对吧，面对未来网络和搜索所带来的未知吧。哪怕我们还未完全意识到这些服务越来越聪明、越来越互联后带来的复杂影响，还是应该力求去理解每个新服务的能力和风险。虽然肯定会有我们不想要的后果（包括一些负面后果），但是一个更互联、描述清晰、明确可搜索的社会能带来机会让我们对搜索加以改进。这是一件值得做的事情。

纵观历史，一旦我们拥抱未知——无论是索尔克博士在自己身上测试小儿麻痹症疫苗，还是勇敢的宇航员们冒险进入太空去更好地了解我们的星球和宇宙——就会带来重大的进步。一旦我们摆脱了自身的种种约束，让我们的思想漫游，畅想那些技术奇迹的组合力量，我相信我们作为人类将真正地进化到一个更高的平台，比我们想象中还要活得更好。而且我们还会奇怪，在我们的机器助手未将我们内在的力量开发出来之前，我们居然生存了下来。

就让我们把“铰链”装上吧。

要写书的话就真的要待在村子里，而我也常常怀疑我是不是这个村子里那个唯一的傻瓜。就拿本书的话题来说，可能包含进来的东西那么多（也就是说有更多的东西被忽视了），所以我一直有溺水窒息的感觉，生怕“搜索的未来是什么”这一复杂问题的答案其实一直摆在那儿——只要将相关因素简单地联系起来，一切就再明显不过了——只是我没能找到这样的关联。

还好，有那么多人帮我确立了我的兴趣点在哪里。在他们的帮助下，我的担心——搜索的未来及其潜力其实已经是广为人知并确定的——也降到了最低。我在想一旦我们整个星球被数字捕获，而机器也更明晰它们在其中扮演的角色后，世界会变成什么样，这在很多方面给予我思维上的启发。

特别感谢埃里克·霍维茨博士、苏珊·迪迈博士、本·利夫希茨博士、马克·戴维斯博士、亚当·齐亚博士、雅伊梅·蒂凡博士、乔·马切塞、亚当·麦克贝思、阿尼路·库尔、谢尔·伊斯雷尔和拉米兹·纳等给予的鼓励和优质内容。

克里斯·施罗德听取了我的汇报并对我的写作给出了卓越的反馈。苏珊·劳造是我见过的最了不起的编辑，她的编辑工作使我的文字更易读（而且她无所不知）。亚当·索恩给予我自由，让我能在全职工作中挤出时间来写这本书——我一直在想，他是不是还从未注意到这一点？

谢谢我的女儿埃琳娜对我的“写作时间”加以忍耐，但其实你是想玩迷宫游戏的。至于我的人生伴侣萨拉·伊丽莎白，谢谢你的精神鼓励和耐心，使得这本书得以完成。即使我觉得我肯定没法在截止日期前写完，你的积极乐观的精神也给我增加了信心。至于我的父母，谢谢你们为我买了我人生中的第一台电脑（而那时的电脑和一辆车一样贵），还让我在地下室花费了大量时间学习编程。

感谢Bibliomotion出版公司的所有人，包括埃丽卡·海尔曼和吉尔·弗里德兰德；还有GreenHouse出版公司的小豪厄尔·马勒姆、杰夫·莱特纳和安德鲁·贝内迪克特–纳尔逊，谢谢你们给予我的机会以及写作过程中的反馈。

最后，我要感谢微软必应团队的所有人。他们才是将那些美妙概念以如此美丽的方式带入生活的人。